Rose Window

美麗&透光
玫瑰窗對稱剪紙

*
平田朝子
*

CONTENTS

作者
平田朝子／Asako Hirata
玫瑰窗創作家・直笛演奏家

作為直笛演奏家活躍於音樂界且入圍各項比賽時，在2009年與玫瑰窗創作相遇，以自學開啟設計之路。之後為了推廣玫瑰窗的魅力，而開始構思初學者也能簡單完成的看似複雜的設計，在各地舉辦體驗工坊＆學員の作品展覽。由於細緻可愛的設計頗受好評，接連推出與felissimo的couturier品牌的聯名商品，將名聲推廣至日本各地。另外，也負責海外某教堂的鑲嵌玻璃設計＆製作。活用身為音樂家得到的經驗＆表現能力，除了重視藝術原本的價值，也能對應商業設計，是現代所需的藝術家。

STAFF
編輯　福田佳亮　丸山亮平
書本設計　みうらしゅう子
攝影　慎 芝賢

PRELUDE

～前奏曲～

以光線放映出的色彩魔法，
在房間中盛開出萬花筒般的花朵。
（萬花筒系列）

1 鑽石
作法 p.46

2 紅寶石
作法 p.47

3 藍寶石
作法 p.47

4 印度
作法 p.48

5 洛杉磯
作法 p.48

6 非洲
作法 p.49

陶醉於窗邊被溫柔陽光包圍的
美好生活。（萬花筒系列）

GARDEN
～花園～

7

路的盡頭
會有怎樣的世界在等著呢？

7 小路の盡頭
作法 p.49

開滿花朵的庭院，
蝴蝶＆妖精前來迎接大家。

8 蝴蝶
作法▶ p.50

9 妖精
作法▶ p.51

10 花朵
作法▶ p.52

以色彩＆花樣將景色點綴得十分繽紛。
（PARTY系列）

11 愛心
作法 p.55

12 海洋
作法 p.53

13 鑽石
作法 p.54

14 綠色
作法 p.55

15 桃子
作法 p.53

16 檸檬
作法 p.53

17 幸運草
作法 p.54

18 玫瑰
作法 p.55

15
16
17
18

歡迎來到我家！

19 花圈

作法 p.56

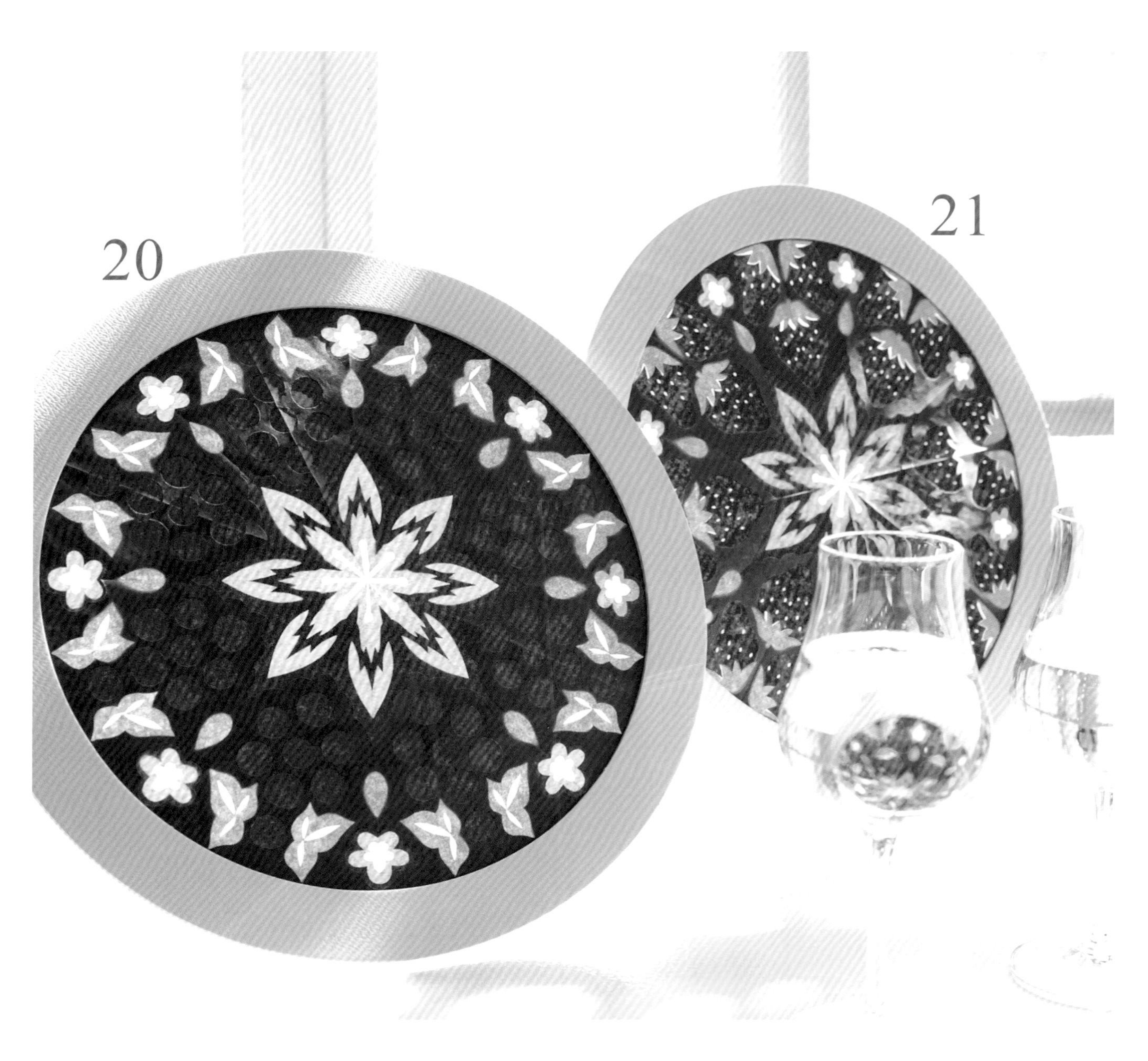

如以剛摘下的莓果作成的飲料，
有著豐富的酸甜滋味。

20 葡萄
作法▶ p.57

21 草莓
作法▶ p.57

LIVING ROOM

～客廳～

以迷迭香＆薰衣草
調合柑橘系的香味。

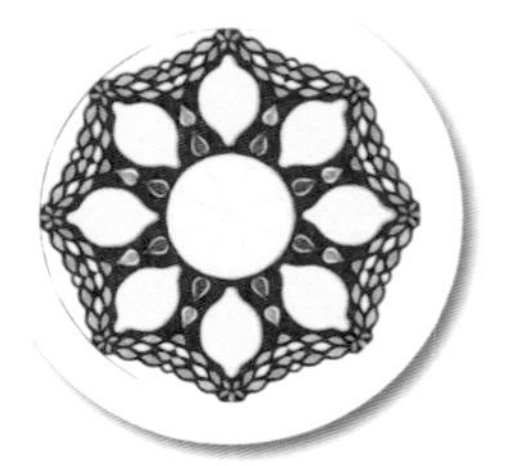

22 檸檬
作法 p.58

23 橘子
作法 p.58

以季節性的素材＆溫柔的心情
作為盛宴的款待。

24 蔬菜盤

作法▶ p.59

25 杯子蛋糕

作法▶ p.60

將白色底加上細緻的藍色漸層花樣，
宛如漂亮的彩繪盤。

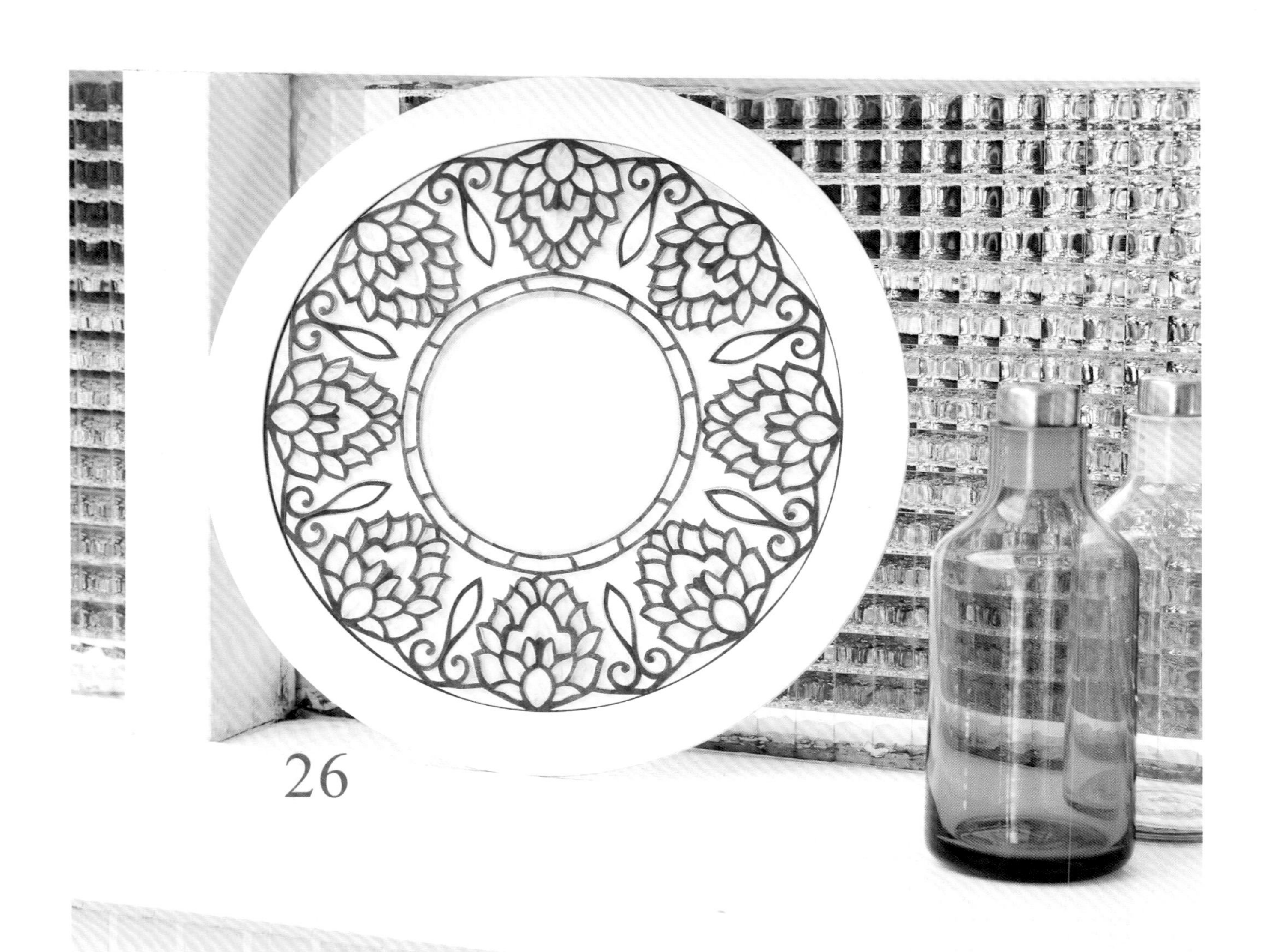

26 藍色彩繪盤

作法 p.61

27 磁磚
作法 p.61

以令人聯想到土耳其磁磚的花樣，
營造出旅途中的氛圍。

28 杯墊
作法 p.56

我的手作空間是編織夢想的場所。
將它營造得如夏威夷大自然般的
舒適吧！

29 Wave
作法 p.62

30 Honu
作法 p.63

31 Shell
作法 p.63

32 Leaf
作法 p.62

33 Prumeria
作法 p.63

34

再沒有比接連的蕾絲花樣
更令人傾倒的美麗了！

34 光之拼布

作法▶ p.64

掛上刺繡裝飾，
房間立刻搖身一變成為花園。

35 刺繡＊ Bonjour
作法➤ p.66

一針一針悠閒又奢侈的
十字繡時光。

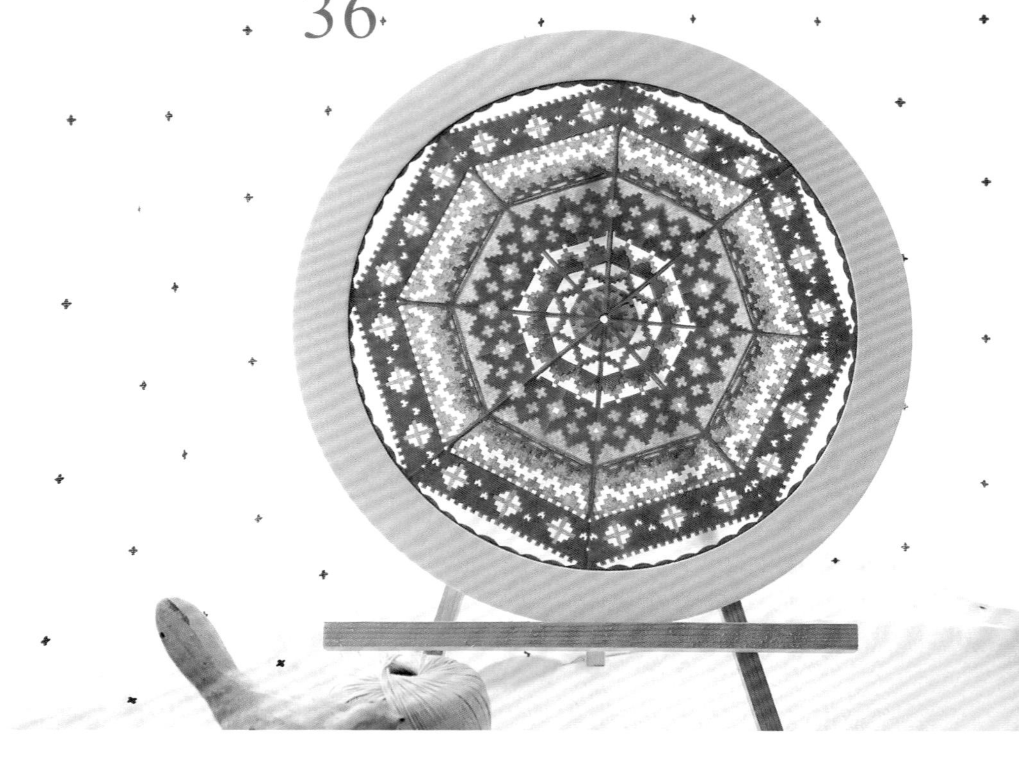

36 北歐風
作法▶ p.67

37 提洛爾風
作法▶ p.67

KID'S ROOM
~兒童房~

為滿載夢想的兒童房，
妝點上環遊世界的玩具設計。

38 俄羅斯娃娃
作法 p.68

39 地球
作法 p.69

少女般的歐洲世界，就連大人也沉醉其中。

40 巴黎鐵塔

作法▶ p.69

41 天鵝

作法▶ p.70

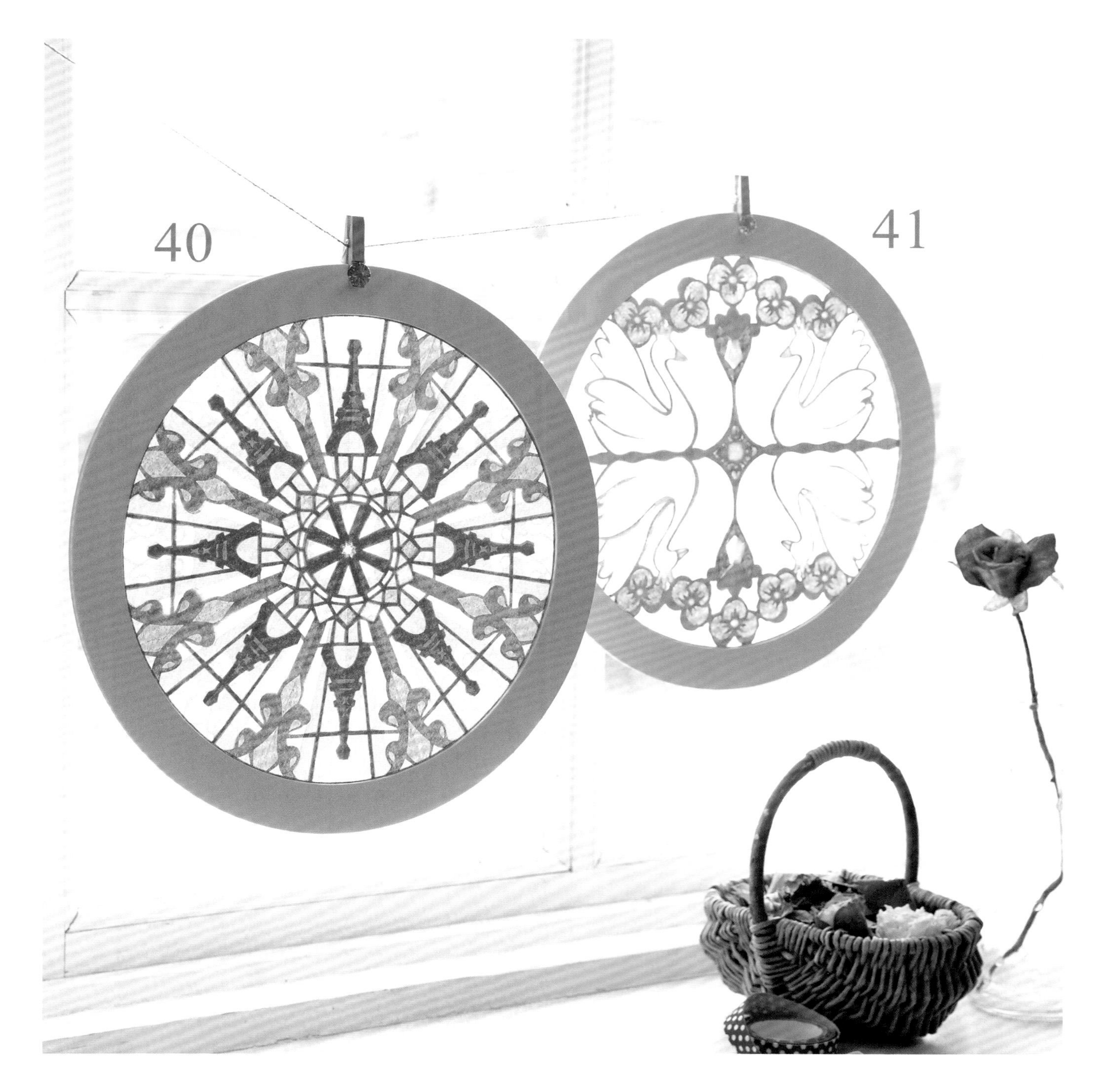

BRIDAL STORY

~婚禮物語~

鑲入十二朵玫瑰的花束，
是求婚記念的美好物語。

42 十二朵玫瑰

作法 p.73

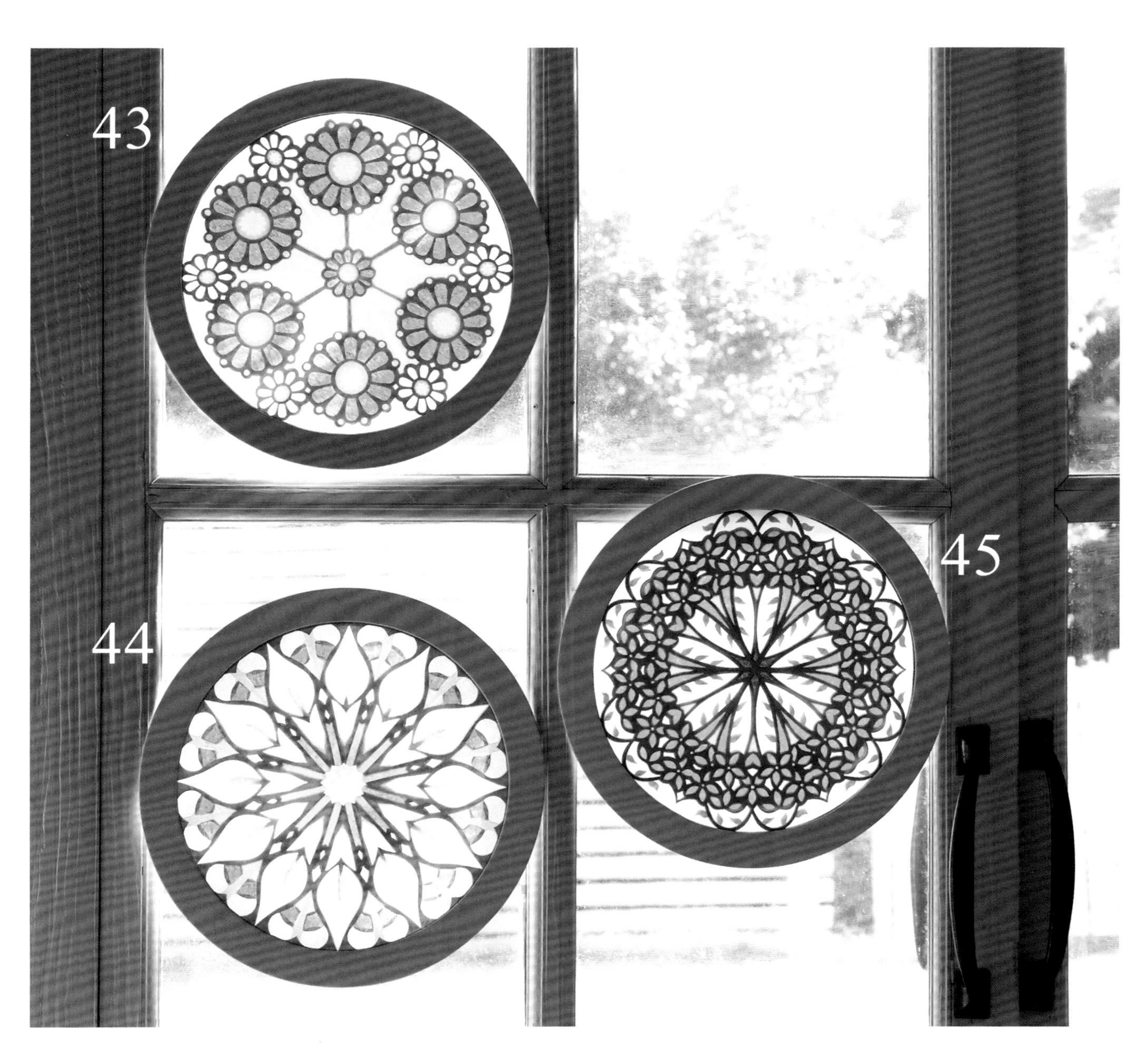

以充滿祝福的婚禮花朵，
永久記錄下最幸福的時刻。

43 非洲菊
作法▶ p.71

44 海芋
作法▶ p.72

45 藍星花
作法▶ p.72

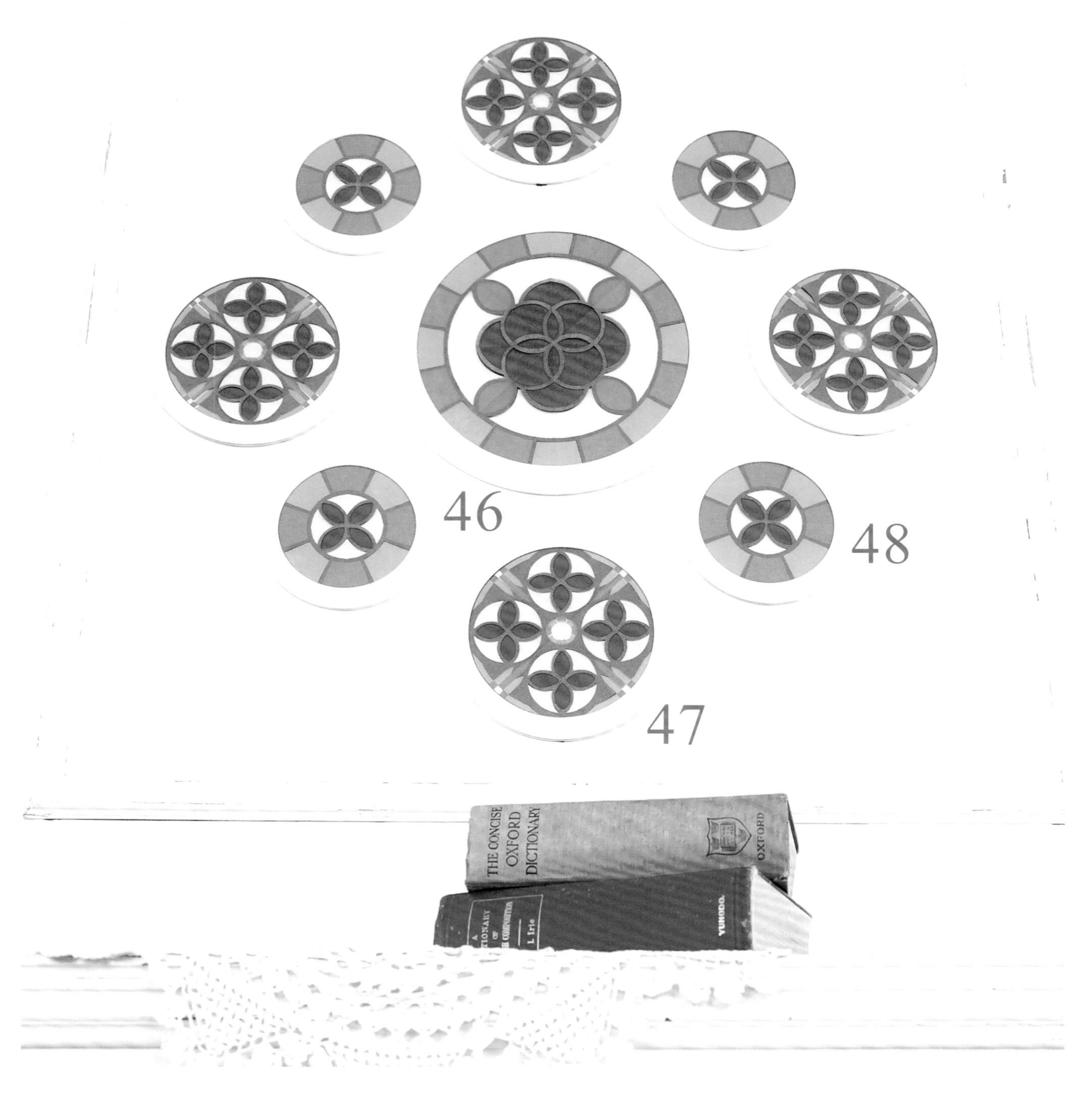

在鑲嵌玻璃前誓言永遠的愛，
如愛大自然般地孕育愛情吧！

46 Nature
作法 p.74

47 Classic
作法 p.73

48 Eternity
作法 p.74

49

世界唯一的歡迎光臨告牌，
是充滿心意的手工創作。

49 玫瑰十字架

作法▶ p.75

50

50 Something New

作法 p.76

SOMETHING FOUR

～其他之四～

讓新嫁娘得到幸福的
四種咒語。

51

51 Something Old

作法 p.76

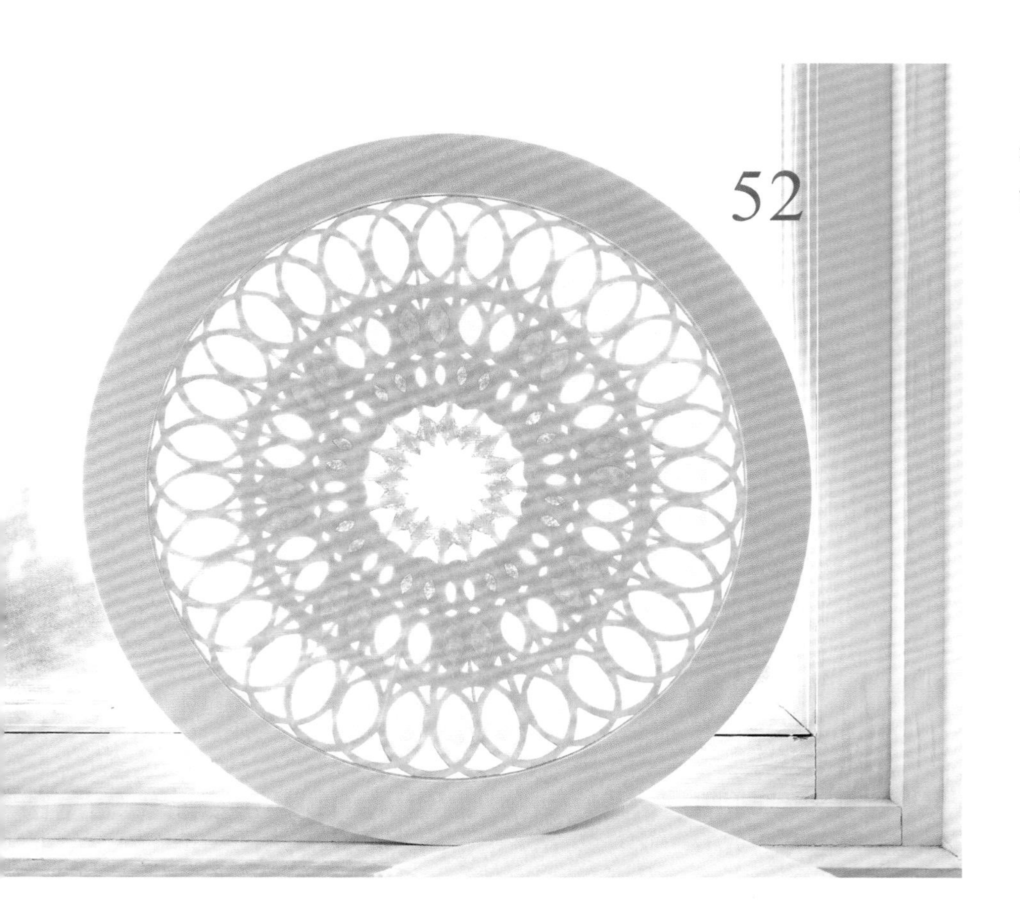

希望相愛之人的幸福
能永遠持續下去。

52 Something Borrowed
作法 p.77

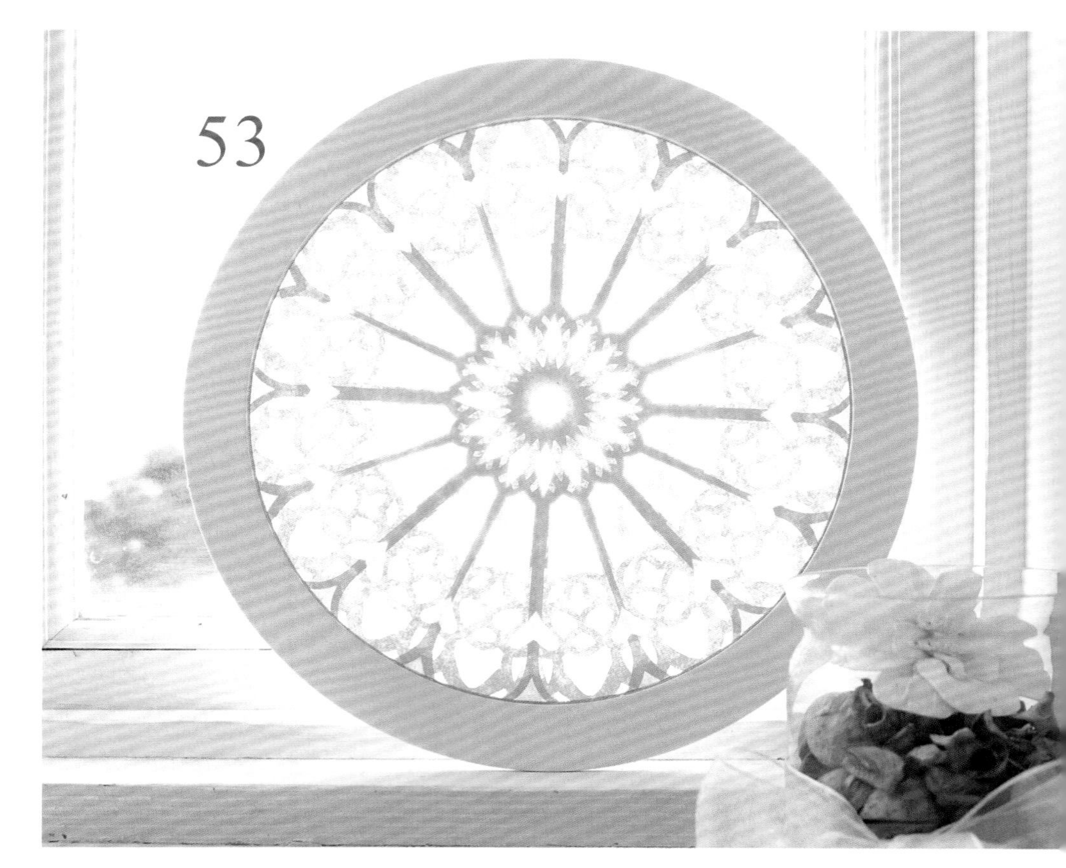

53 Something Blue
作法 p.77

54 幸運草

作法 p.78

FOUR SEASONS

～點綴四季の玫瑰窗～

看看腳邊吧！
溫暖的春天已經來臨囉！

55 白詰草

作法 p.78

56 兔子舞
作法▶ p.79

復活節、兒童節……
四季應時的節慶，
正是感受豐饒大自然的重要瞬間。

57 鯉魚旗
作法▶ p.80

58 金魚
作法▶ p.81

59 彈珠
作法▶ p.81

刻印在夏季廟會中的甜美情景，
一定會成為重要的寶物。

火紅的楓葉
是讓人在寒冷季節也想外出的魔法變化。

60 楓紅

作法▶ p.82

61 蝙蝠

作法 p.79

62 蜘蛛網

作法 p.85

在窗上施展魔法，
飛進萬聖節的世界吧！

宛如繪本般的剪影，
映照出被溫暖光線包圍的冬季。

63 聖誕樹
作法▶ p.83

64 蠟燭
作法▶ p.84

65 麋鹿
作法➤ p.85

66 結晶
作法➤ p.86

雪花結晶是來自天空的禮物，
盡情享受臨窗眺望的奢侈時光吧！

～著迷於光線＆色彩の療癒藝術～

by Asako Hirata

喜歡悄悄話的女孩們聽不見，只有追逐蝴蝶的少年能聽見紙張的聲音。
你相信紙張所編織的光＆色彩的魔法嗎？

藉著能與自然協調、知道讓事情順利進行方法的玫瑰窗，想起幾乎已經遺忘的孩提時代的感覺。從有限的顏色中孕育出無限的色彩，裁剪後攤開時＆光線映透時的感動，是令心情沉穩的處方箋。

選擇什麼主題？混合幾種顏色？以興奮不已的心情製作的玫瑰窗，能為各種場所妝點上幻想的色彩。從玫瑰窗窺視光線的色彩，依春夏秋冬、東西南北、從上午到下午、從自然光線到照明的不同，給人的氛圍就有相當大的變化。另外，依據觀看玫瑰窗的距離，而產生不同的印象也是很有趣的藝術裝置。例如本書開頭的萬花筒系列，就拉開距離來看時更加美麗的設計。

令人想起故鄉的事物、忘不了的重要童謠、日本四季＆習慣不可欠缺的象徵、花朵＆樹木等⋯⋯將這些設計成玫瑰窗，也是重視鑲嵌玻璃特有的訊息象徵。

此外，使一張玫瑰窗中不僅只包含設計，依主題組合出多樣的空間演出也是世界上的首次嘗試。

我已將這五年間編出的600種以上的新技法（錯開技法、雕刻技法、色彩論等）融入本書作品各處，且為了今後也能作出讓人們有著心靈豐富生活的「真正能得到幸福的場所」，而進行了各式各樣的挑戰。請你務必與我一起感受玫瑰窗的魅力喔！

※此為參考作品。

ARRANGE

～變化～

以剩餘的紙張作出花樣＆
貼在杯子等容器上，
當作可愛的花瓶來使用也OK。

67

68

67・68 花瓶　作法 p.86

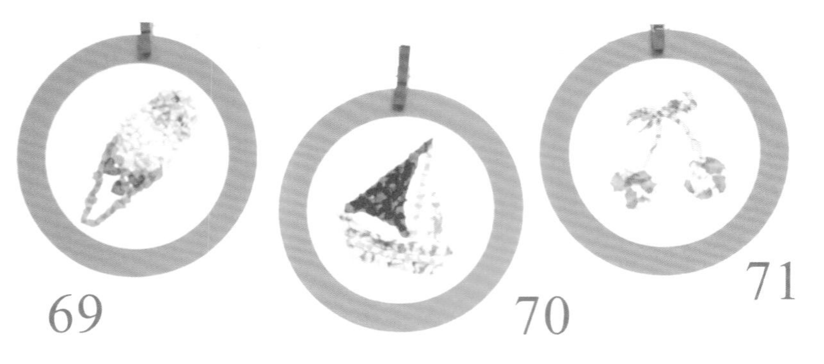

69　70　71

作成如撕貼畫般的作品
也能漂亮地透出光線。
與玫瑰窗作品呈現出明顯不同的印象。

72

69 至 72 透光畫　作法 p.87 至 p.88

將剪紙稍作摺疊，也能作成花圈，
只要掛在門把處就很時髦喔！

73 花朵聖誕圈 作法 p.88

作出許多小巧的花樣後再以線串起，
時尚的活動簾子就完成了！
充滿變化性的樂趣也是魅力的一種。

74 光の簾子 作法 作法 p.88

基本
道具＆材料

▌玫瑰窗用色紙　各色
（ローズウィンドウ用ペーパー）
本書幾乎所有作品皆使用此款紙張。由於色彩豐富且紙質薄，製作作品時透光佳且顯色，十分推薦使用。

▌玫瑰窗用框　各尺寸
（ローズウィンドウ用枠）
本書幾乎所有作品皆使用此款框架。從大型到迷你，共有五種尺寸，兩片為一組。取厚紙板自己動手作也OK！

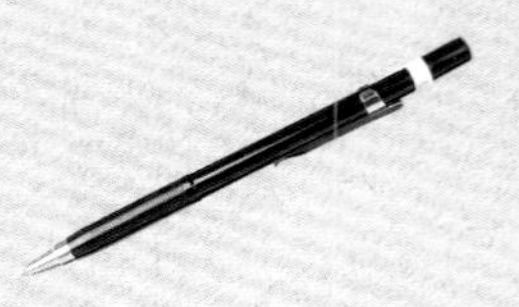

▌自動鉛筆
描寫圖案時使用。

▌剪刀（小・大）
剪紙時使用。推薦選用小型且前端尖銳的剪刀，大剪刀較適合裁剪紙張。

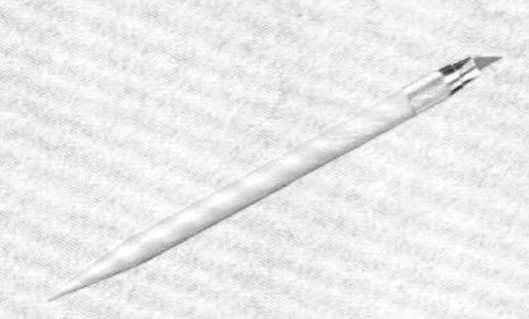

▌雕刻刀
割紙時使用。建議選用30度刀片來切割，使用時請注意不要割到手。

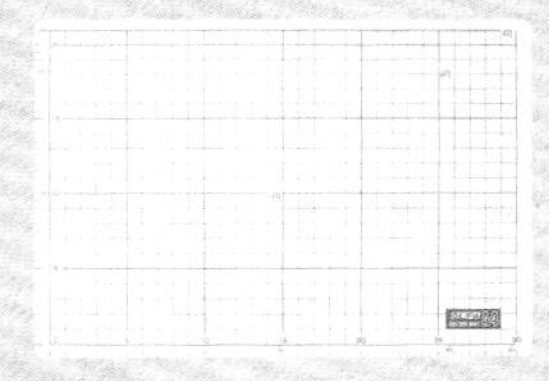

▌切割墊
割紙時墊在下方，以防止切割時畫花桌子。建議使用割痕少＆有彈性的墊子。

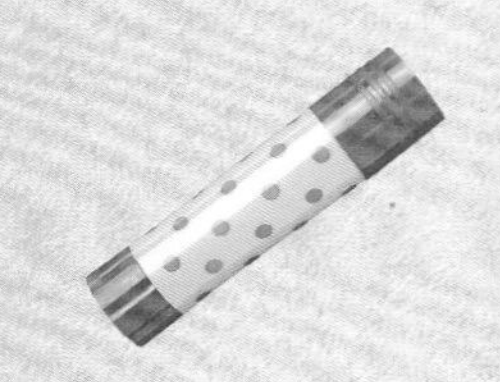

▌口紅膠
固定紙張時使用。

▌雙面膠
固定框架時使用。

▌橡皮擦
以便擦除殘留的線條。

有它就很
方便の道具

▌透明夾
攤開切割好的紙張時使用，以便黏貼＆配色時，保護作品的表面。

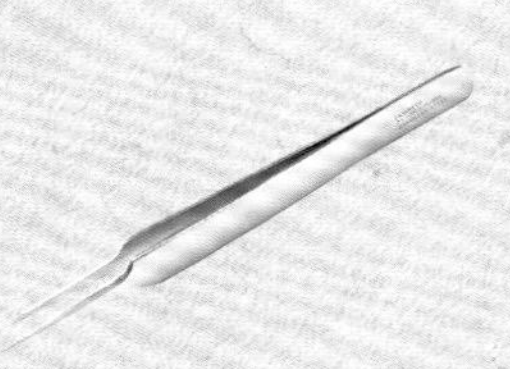

▌鑷子
修正細小部分＆固定時使用。

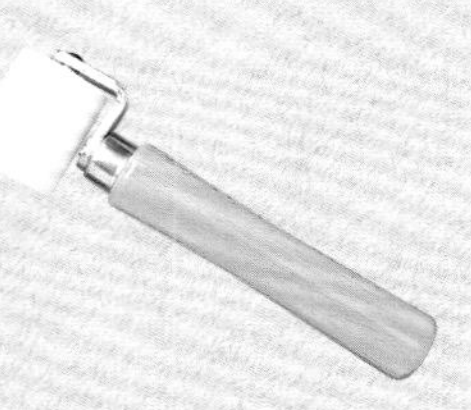

▌滾輪
在手摺的紙上再次滾壓滾輪可以摺得更漂亮。

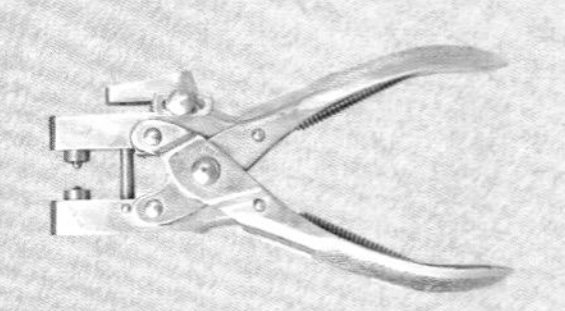

▌打洞器
開圓洞時很方便。圓形大小也有多種選擇。

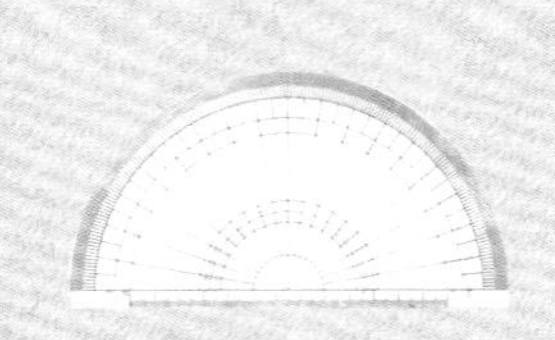

▌量角器
測量摺紙角度時使用。

▌木工用白膠
將吊掛緞帶固定在框中＆在表框上作裝飾時使用。

※材料詢問請洽ペロル http://perol.net　Tel:092-844-8164 Fax:092-844-8174

基本作法（製作P.25・53「Something Blue」，圖案參見P.77。）

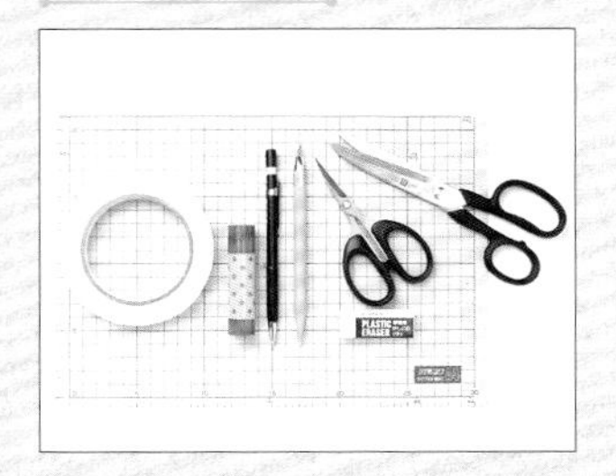

1　準備基本道具。

2　準備需要的紙張＆兩片框架。

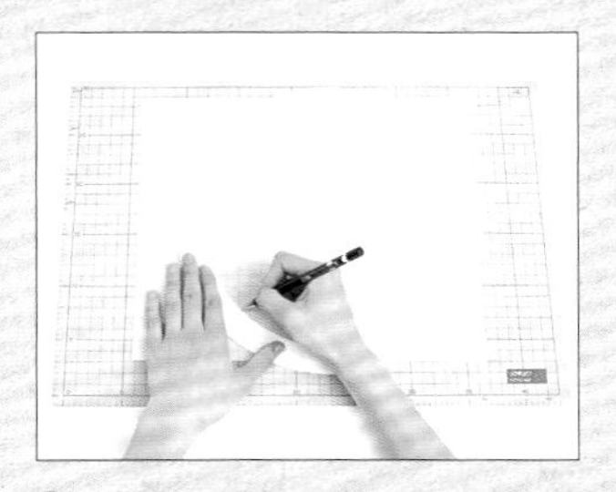

3　將框架放在紙張中央，仔細描繪內徑的線條。

4　將所有紙張完成描線。

5　在內徑線的外側預留1cm以便塗膠＆剪去多餘部分。

6　裁剪所有紙張。

7　將除了底紙之外的紙張透光對齊內徑的線條，漂亮地對半摺。

8　將其他紙張全部對摺。以指腹按壓摺線，盡可能地摺平。

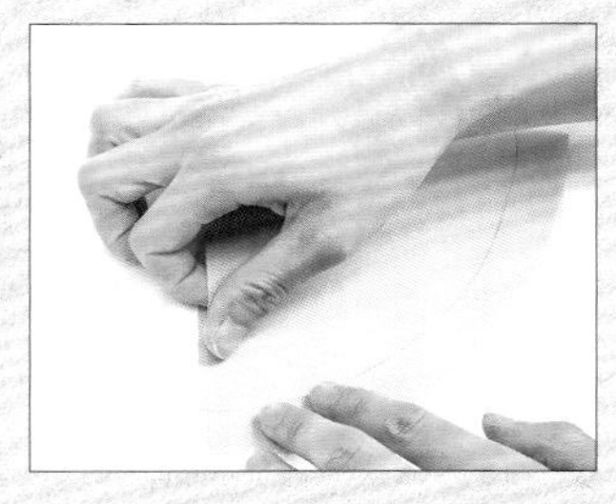

9　對合線條後對半摺。

10　完成紙張摺疊。

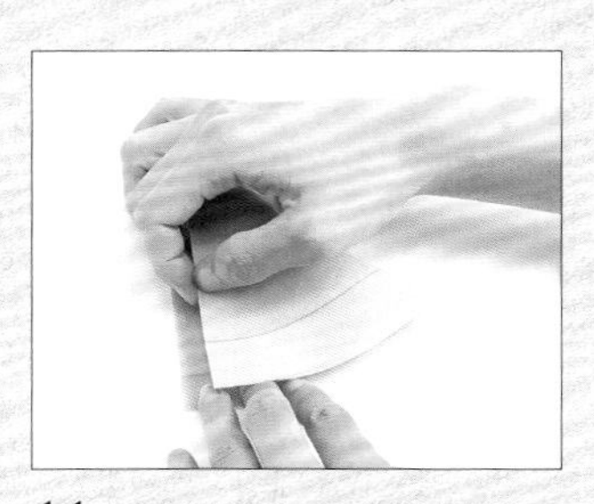

11　再次對半摺，此時需自圓的中心起確實摺疊。

12　完成紙張摺疊。

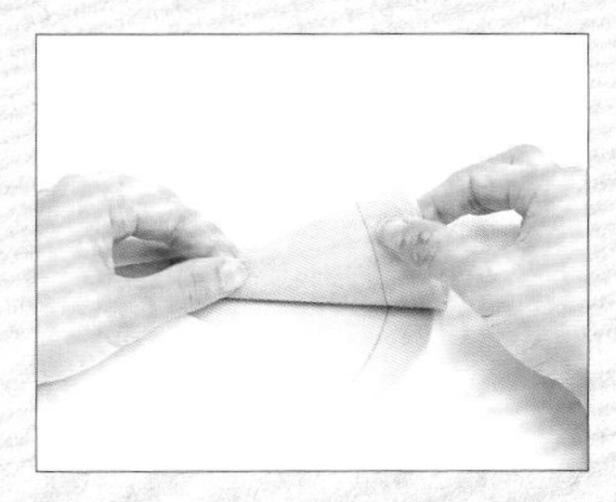

13　中心端朝向左側，將上方兩片往上摺（留下一片不摺）。再翻至反面，以相同方式摺疊剩餘的一片。

14　以相同方式摺疊其他紙張。

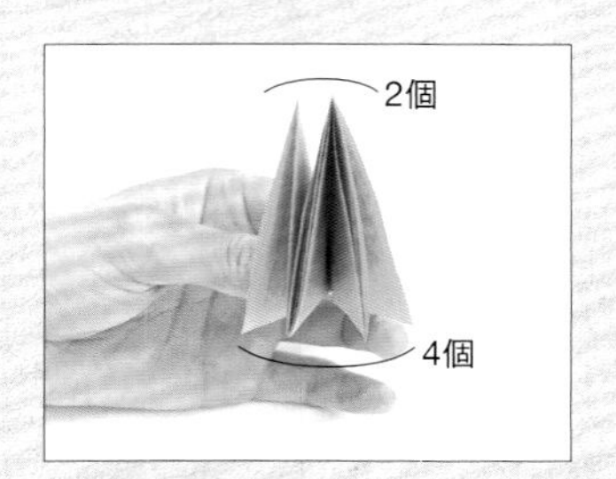

15　確認摺山如圖所示為上2・下4。

16　將中心端朝向自己，四個摺山側在左邊，兩個摺山側在右邊，且分別在塗膠位置標記數字。

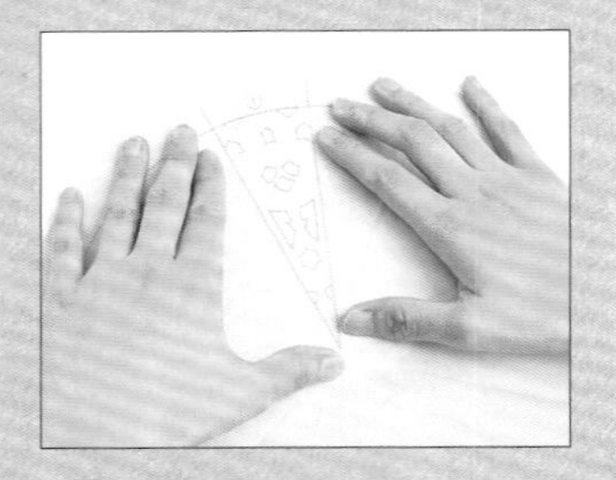

17 將紙張輕輕攤開＆對合影印下的圖案，此時要從圓形中心確實對齊角度＆內徑的線條。

18 描寫圖案。描寫時注意不要有遺漏。（描寫深色紙張時，建議放在窗上透光會比較容易。）

19 漂亮地完成描圖。

20 對摺紙張（回到8的狀態），使圖案如圖示般位於上方，再仔細地按步驟9至14回摺。

21 將全部的紙張都描寫上圖案後完成回摺。此時為了不使描好的圖案消失，需以手指從反面按壓。

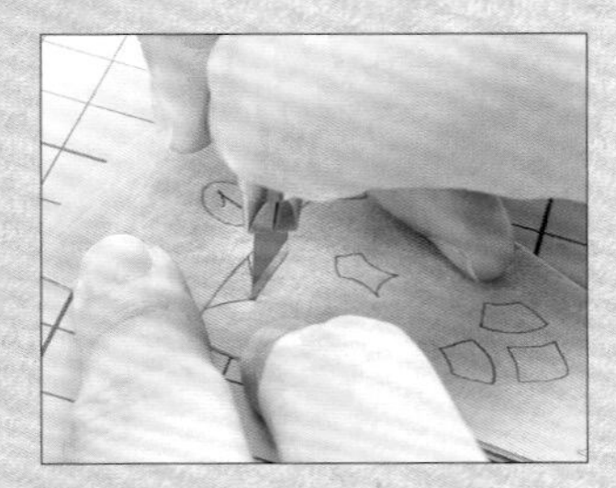

22 切割圖案。依從左到右、由上而下的順序切割，圓中心處務必留在最後切割。

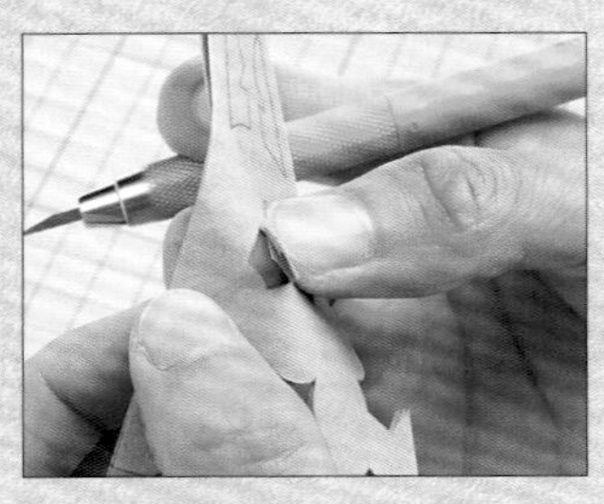

23 從背面以手指按壓，取下切割好的圖案。

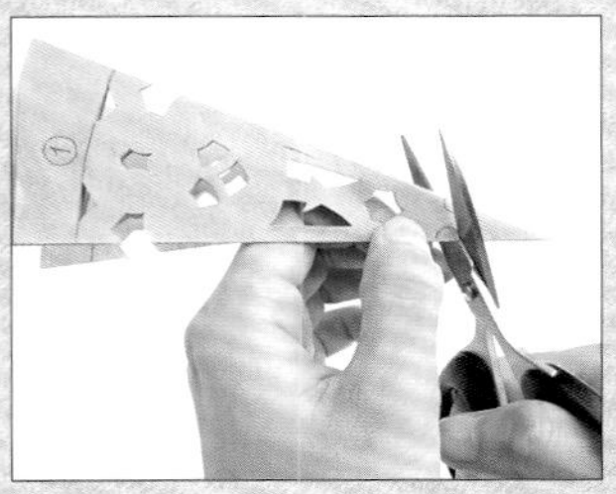

24 請依順手的方式交替使用雕刻刀＆剪刀。不管選用哪一種方式，均需確實地按住要切割的部分，一邊旋轉紙張一邊裁切。

高明の切割方法

從割線收尾部分相反的方向開始切割會較容易。

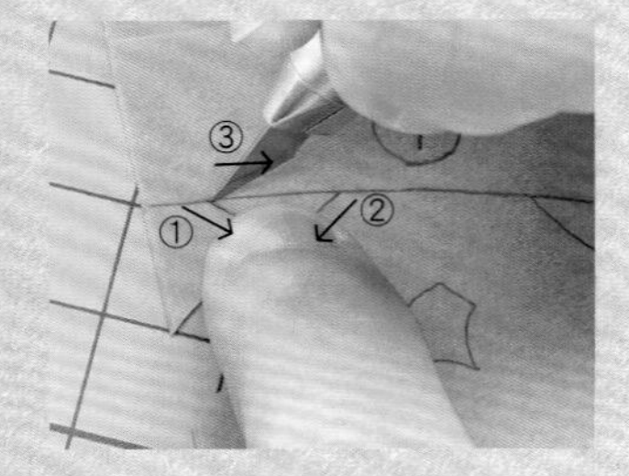

最後，沿著內徑的線條切割。

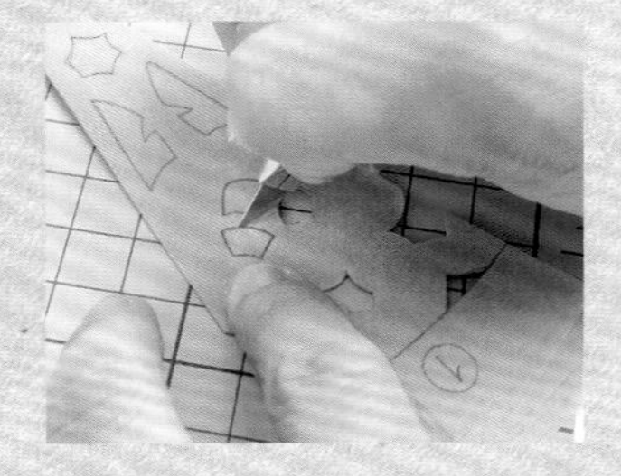

切割曲線時，應一邊旋轉圖案一邊切割。特別是進行最後一刀，雕刻刀要如立起來般地進行切割。

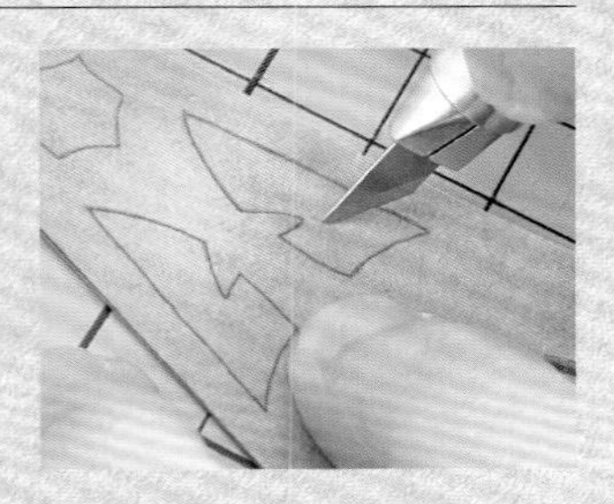

要取下的部分就算被劃開也沒有關係，深深地割成十字吧！

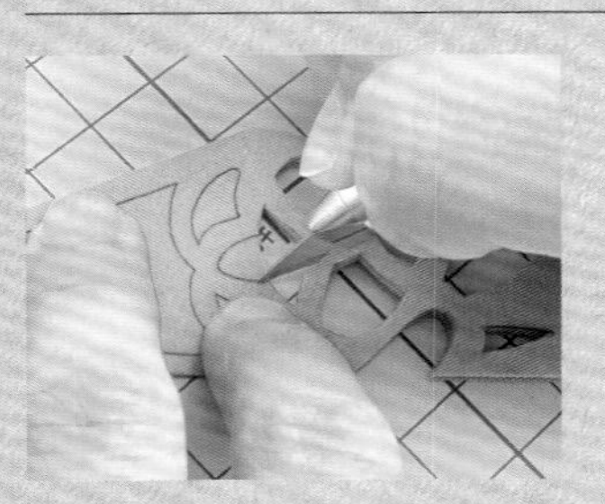

不限於沿著線條整塊切割，將圖案劃分成數次切割會比較簡單喔！

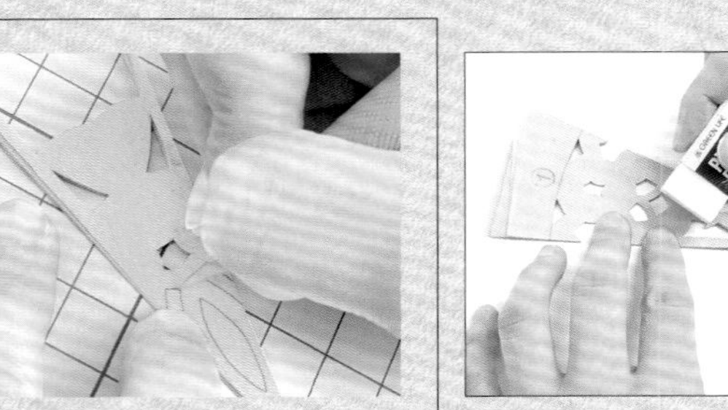

切割長線條區塊時，建議先切割兩長邊後再切割取下。

25 圖案全部切割完成後，一邊按壓紙張，一邊以橡皮擦去底稿線條。如果將紙張攤開來擦較容易破掉，要特別注意。

高明の攤開作法

26 確實地攤開紙張。

攤開成兩片＆以手指輕描中心的摺線。

將紙張往右攤開，以手指輕描中心摺線。

再往右邊攤開，以手指輕描中心摺線。接著翻面攤開至半圓形。

將紙張完整攤開，以手指輕描中心摺線。

最後在圖紙上放上透明夾＆按壓成平坦狀，接下來的作業就變得簡單了！

27 將全部剪紙都完整攤開。

28 以框架的反面對合底紙上的內徑線條。

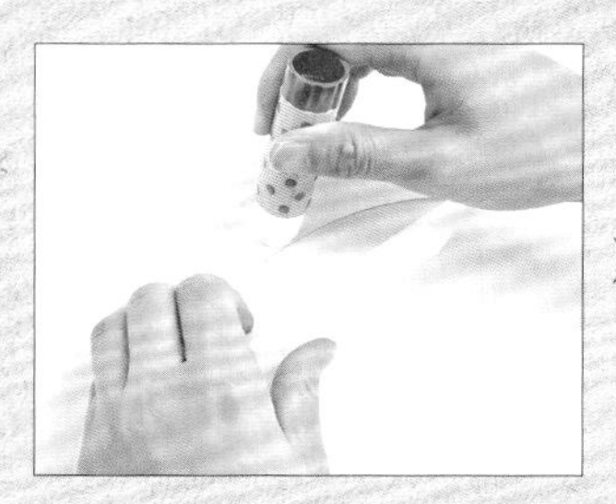

29 將框架塗上口紅膠，此時不是一口氣塗滿膠，而是上下局部對合塗膠。

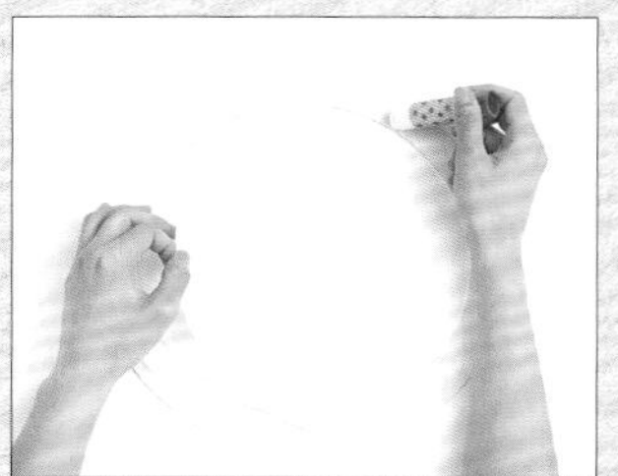

30 將右半側完全塗上口紅膠。一開始先決定右邊的頂點，使框內不要出現皺褶，將紙張往外鋪貼。另一側也以相同作法黏貼。

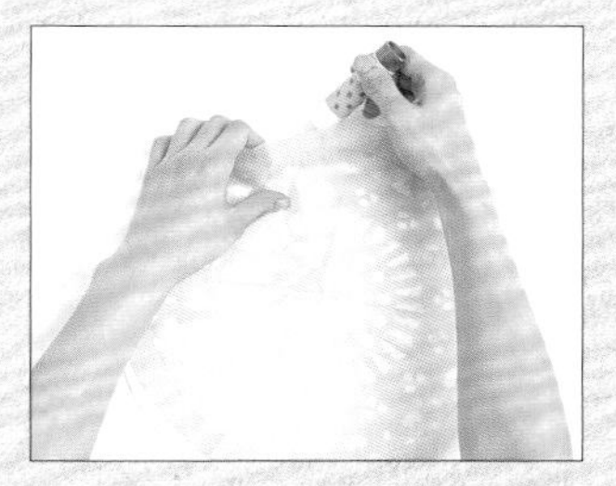

31 對合底紙的內徑線條，以相同方式貼上紙①。這時要注意不要拉得太超過。

32 將圖紙②放在圖紙①上。依內徑的線條．摺線．花樣為基準，以相同方式貼在一起。

33 以步驟32相同作法貼上圖紙③。

34 漂亮地完成黏貼。

35 將另一片框架（反面）貼上雙面膠。

36 立起作品，在桌上敲打調整後，將35的框貼在正面。

37 完成，裝飾在透光處吧！

私藏の技巧

修復

以口紅膠＆鑷子將不小心割下的圖案貼上，紙張浮起時作法亦同。

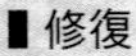

製作色票

將各色紙張封入護貝膠膜或塑膠袋內保存，作出色票。

在透光的狀態下檢視色票，確認透明感＆顏色。

自製底紙

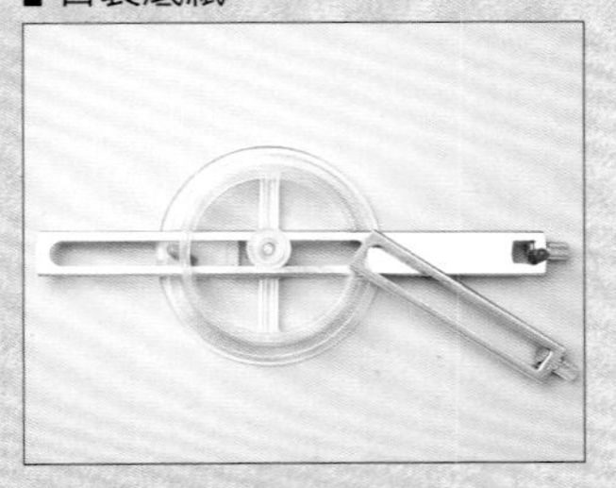

1 以圓形切割器作出外框。

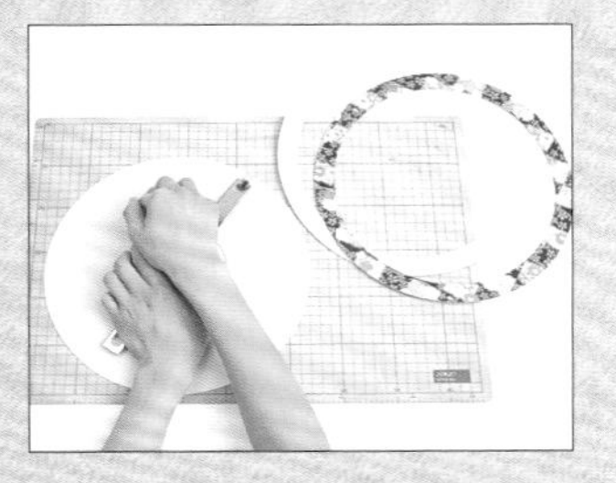

2 在厚紙板上黏貼喜歡的紙張，使框架也能作出設計感。

基本尺寸	
大圓形	外徑28cm
	內徑23cm
中圓形	內徑18cm
小圓形	內徑14.5cm
極小圓形	內徑11cm
迷你圓形	內徑6.8cm

圖案縮小／放大影印的方法
縮小　例）大→中
18cm ÷ 23cm ＝約 78%
放大　例）中→大
23cm ÷ 18cm ＝約 128%

提升切割技巧

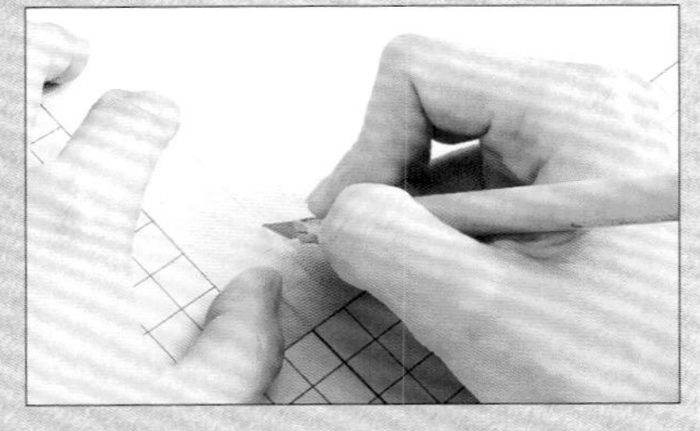

1 首先，從直線切割開始吧！此時，請確認刀刃的手感、速度、呼吸＆按壓著的手的位置。

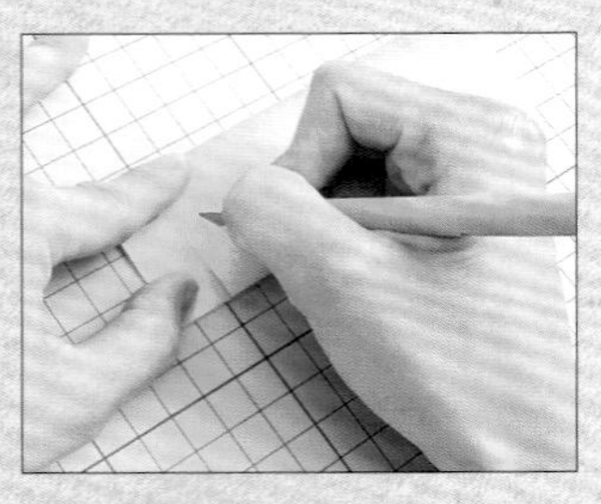

2 重疊紙張進行切割，練習至最後重疊16張紙也能切得漂亮為止。

難以割取時的對應方法

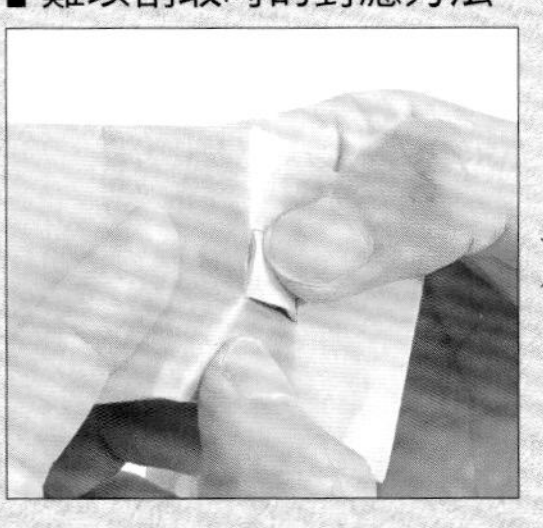

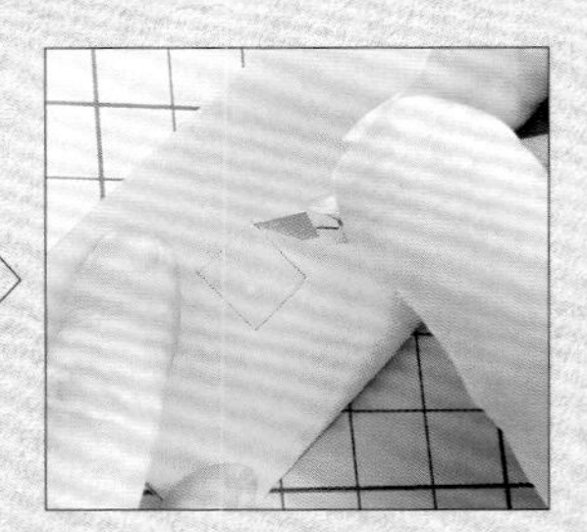

在割取圖案時，若後面的紙張還連在一起，只要將雕刻刀從切割方向的相反方向插入就OK了！一直重複從相同方向切割會造成切口髒汙，請特別注意。

高級技巧

▌圖案橫跨摺線時（馴鹿P.32　類似參見＊蔬菜盤P.11）

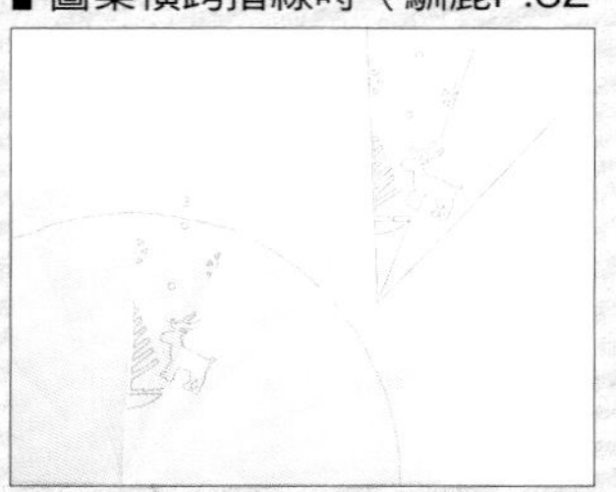

1　參見基本作法1至18，描寫上圖案。再依基本作法20相同作法，以9至14的要領進行回摺。

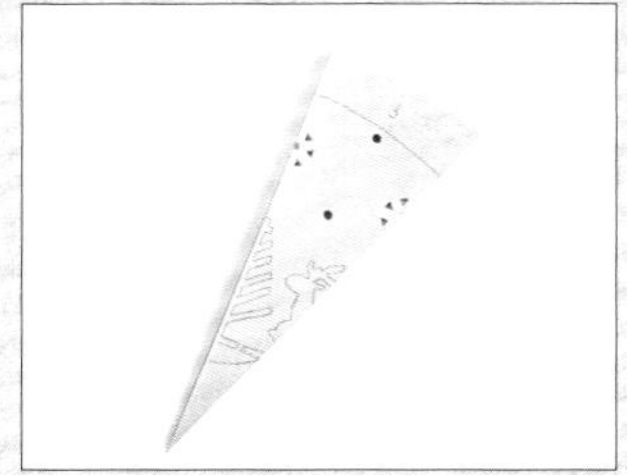

2　先割下跨線圖案上方有圖案的部分。

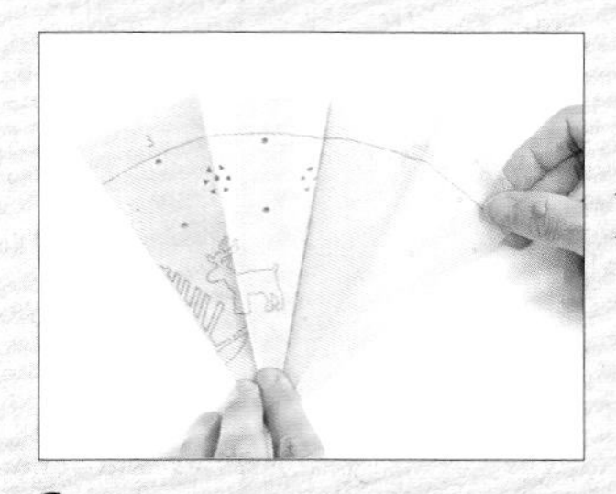

3　將步驟2的上方兩片往左展開，下方一片往右展開。

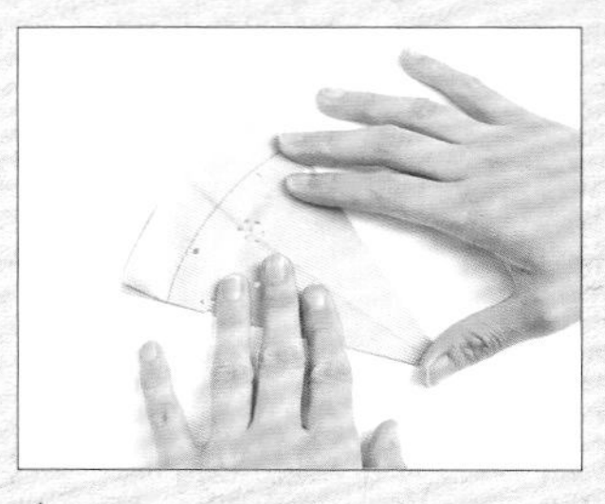

4　將步驟3翻到背面，在反對側摺疊。

5　翻回正面，注意不要讓圖案偏掉，將剩餘的圖案如圖示般完成割取。

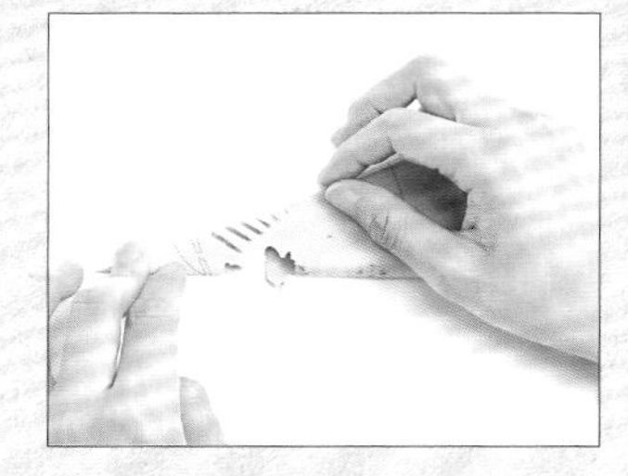

6　從步驟5的紙張的中心起，對半摺至5cm左右。

7　剪下剩餘的圖案。

8　完成！

▌圖案中心處為一片切割畫時（杯子蛋糕P.11）

1　參見基本作法1至18，描寫上圖案。再依基本作法20相同作法，以9至14的要領回摺。

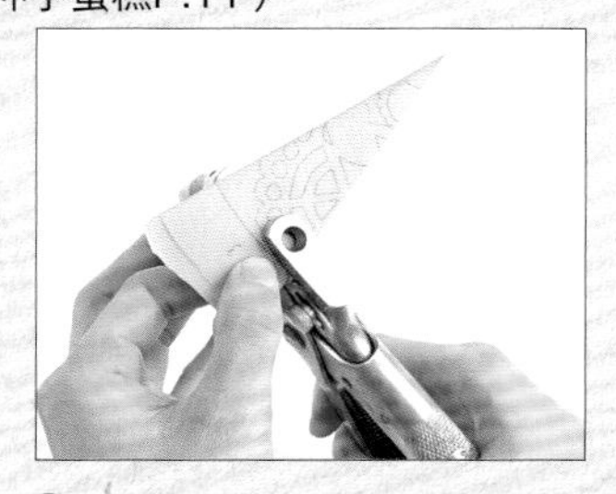

2　先割下跨線圖案上方有圖案的部分，圓形的圖案也可以利用打洞器挖空。

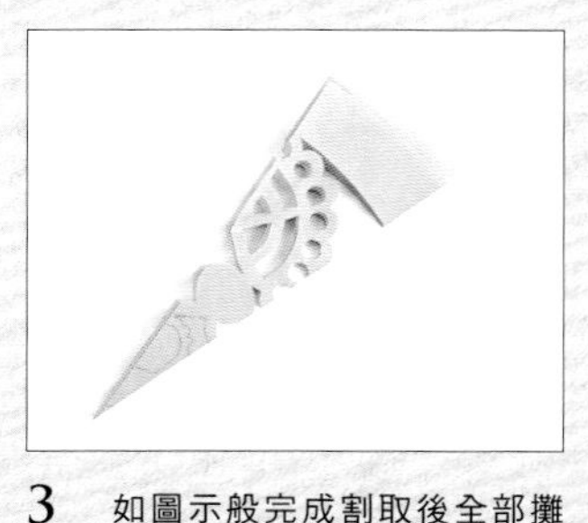

3　如圖示般完成割取後全部攤開，以雕刻刀割下中心處的切割畫。

4　只有一張紙時容易破掉，請如圖所示進行切割。

▌將圖案故意錯開
（萬花筒系列P.2・3　金魚P.28）

圖案根據設計至多可以錯開到一個摺分。（往右邊半個）以目測將紙張放在摺線＆摺線間〔左邊5mm〕後貼上。

▌切割畫的技巧
（刺繡＊Bonjour　P.16）

1　重疊畫圖紙＆圖案，以釘書針固定四周。

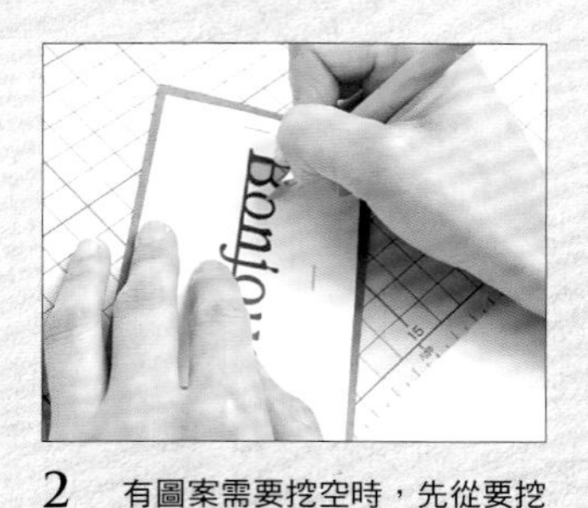

2　有圖案需要挖空時，先從要挖取的部分開始切割。

3　中間全部割除後，再切割輪廓線。

角度表&摺法

4等分・8等分・16等分，只要一直對半摺就能摺出漂亮的摺紙；
但要將6等分・10等分・12等分摺得漂亮，正確對合角度來摺是相當重要的。
只要將紙張放在以下的角度表上，對合角度摺疊就能摺得簡單又漂亮喔！

角度表

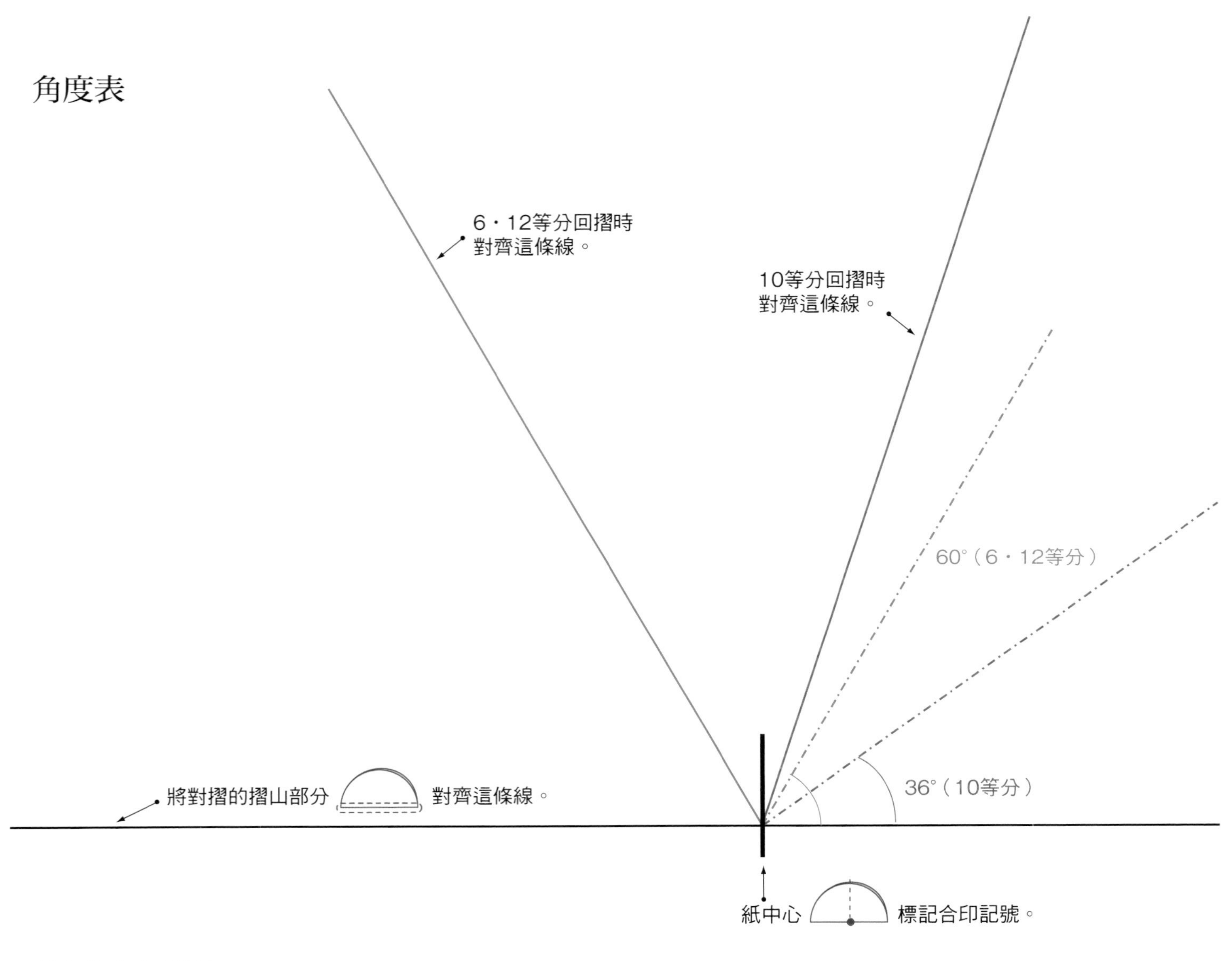

使用量角器時

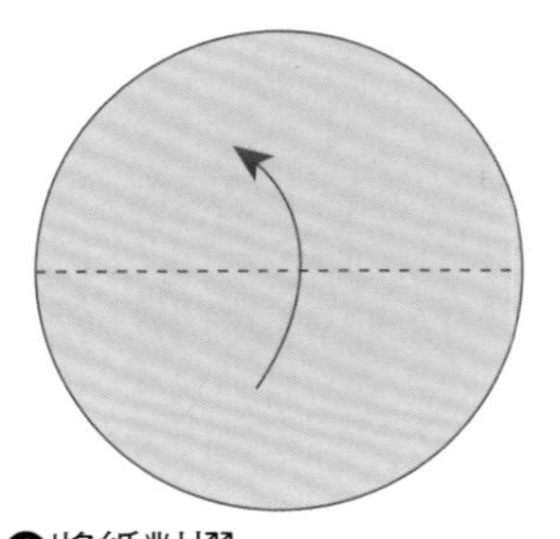

❶將紙對摺。

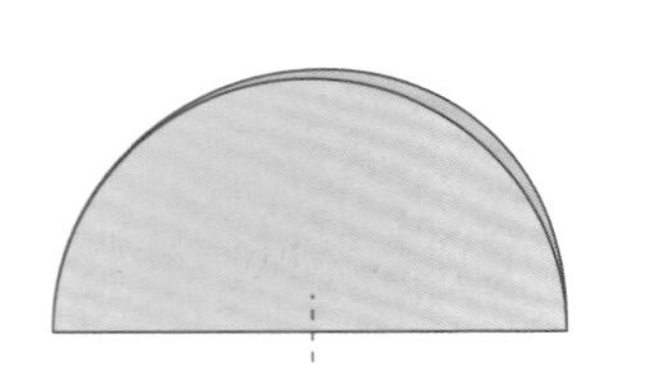

❷再次輕輕地對摺，在中心下部加上摺痕。若不清楚就畫上記號線吧！

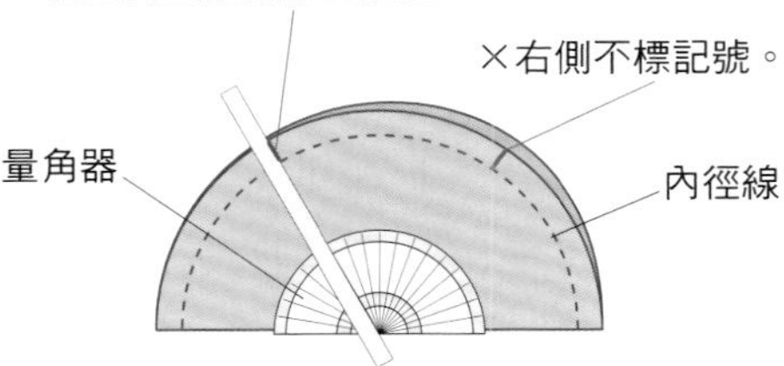

以❷測量角度，對合中心點&放上尺規，在內徑的線條外側標上記號。且將面向自己的左側加上記號。

4等分（每1等分90°）

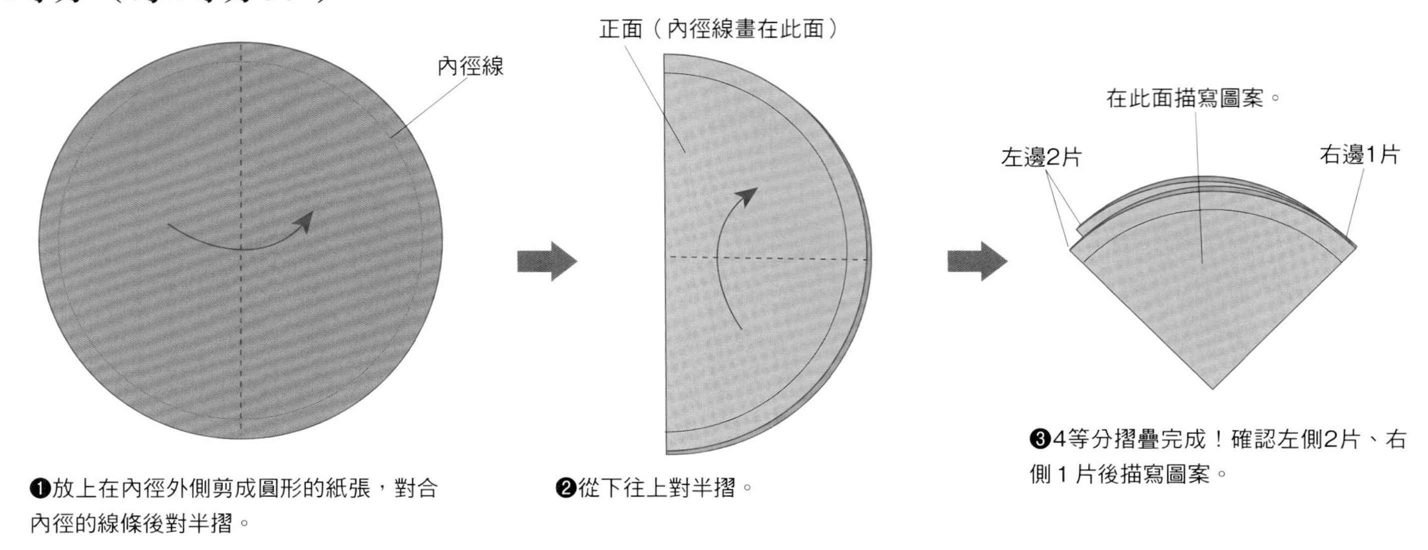

❶放上在內徑外側剪成圓形的紙張，對合內徑的線條後對半摺。

❷從下往上對半摺。

❸4等分摺疊完成！確認左側2片、右側1片後描寫圖案。

6等分（每1等分60°）&12等分（每1等分30°）

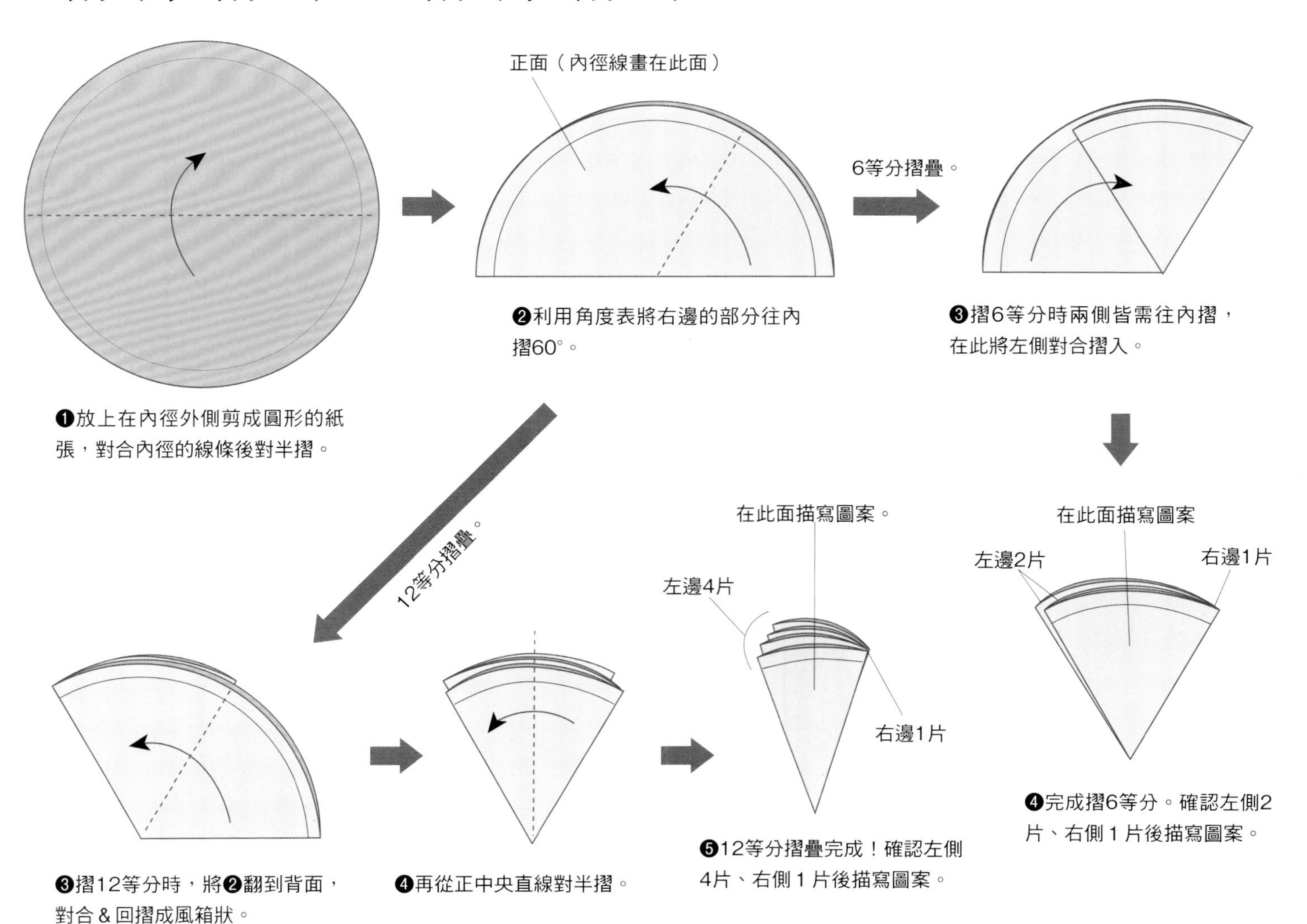

❶放上在內徑外側剪成圓形的紙張，對合內徑的線條後對半摺。

❷利用角度表將右邊的部分往內摺60°。

❸摺6等分時兩側皆需往內摺，在此將左側對合摺入。

❹完成摺6等分。確認左側2片、右側1片後描寫圖案。

❸摺12等分時，將❷翻到背面，對合＆回摺成風箱狀。

❹再從正中央直線對半摺。

❺12等分摺疊完成！確認左側4片、右側1片後描寫圖案。

8等分（每1等分45°）&16等分（每1等分22.5°）

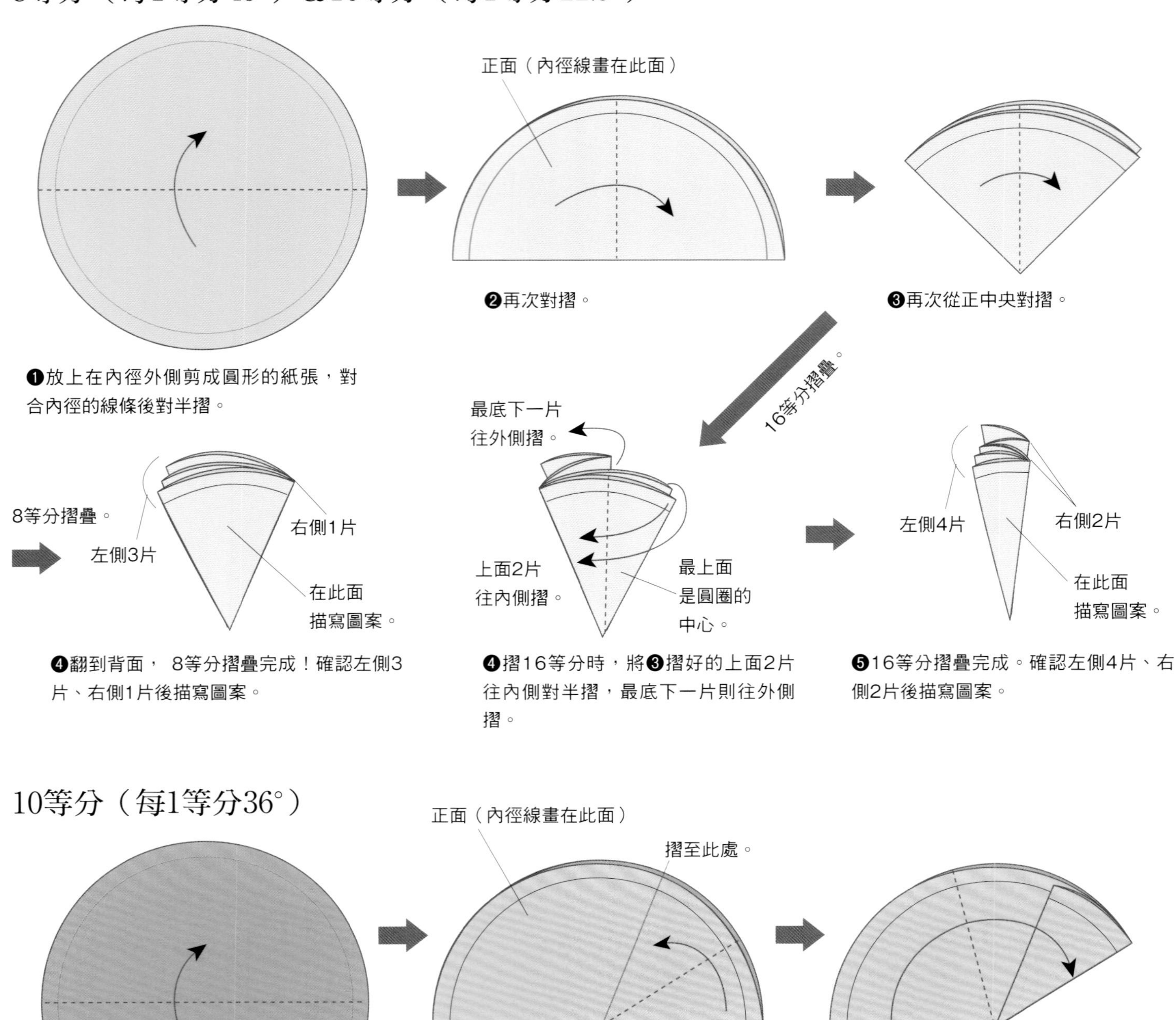

10等分（每1等分36°）

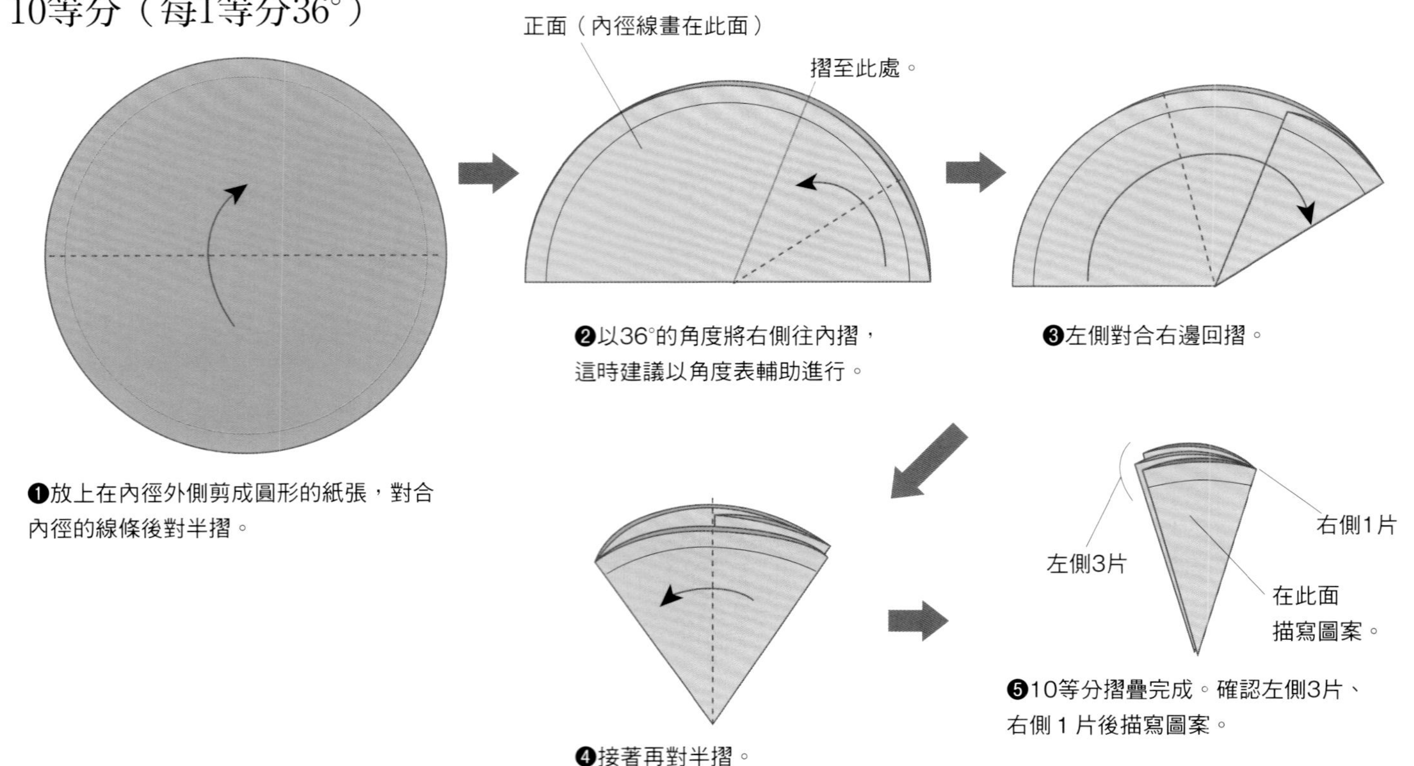

How to make

本書作品的原寸圖案＆作法

※本書所記載的圖案皆為依【底紙】→❶→❷→❸的順序切割＆重疊後完成作品。
※為了對合沒有特別標記的作品花樣尺寸，需在塗膠處重疊寫上數字的摺目。

玫瑰窗用紙の色票

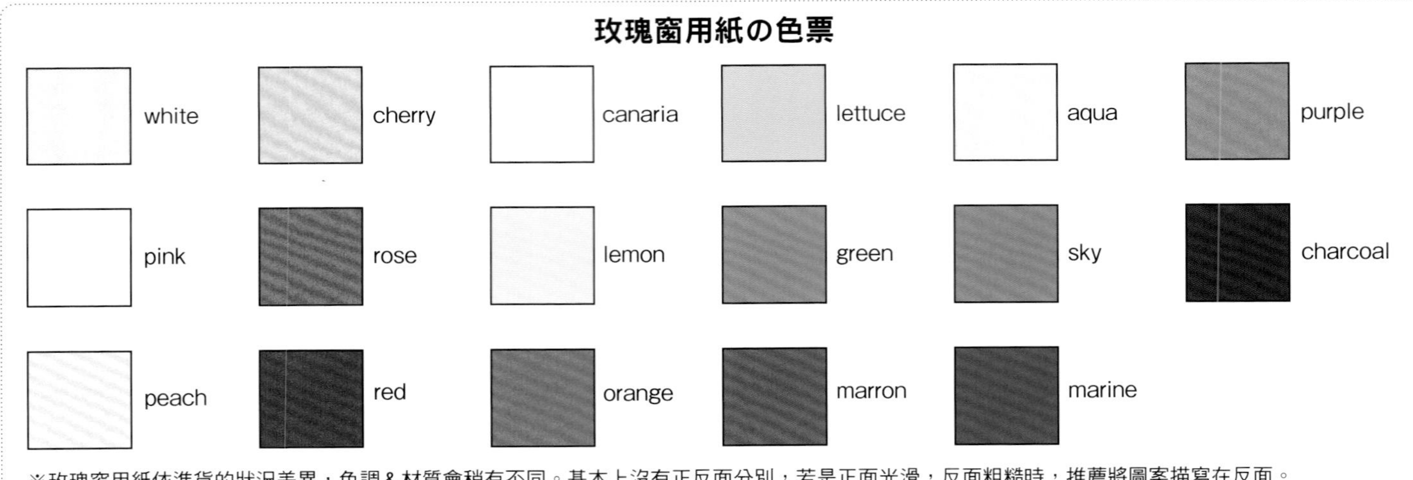

※玫瑰窗用紙依進貨的狀況差異，色調＆材質會稍有不同。基本上沒有正反面分別，若是正面光滑，反面粗糙時，推薦將圖案描寫在反面。
※沒有專用紙時，也可以使用薄葉紙＆花紙喔！

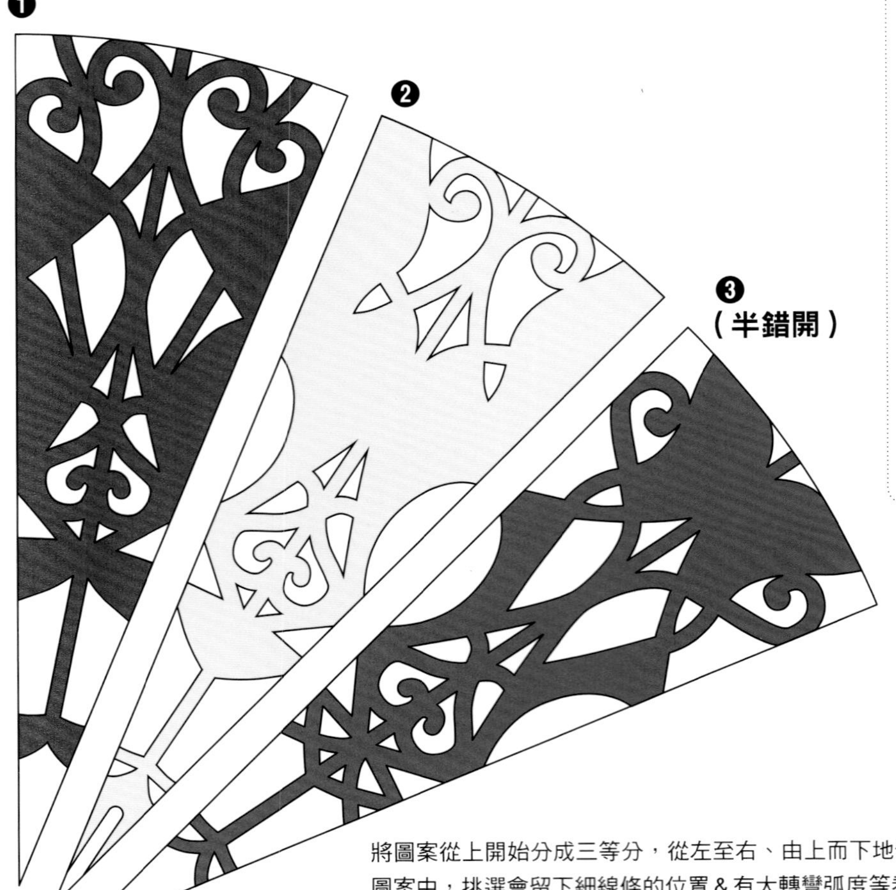

切割時の注意重點

切割取下。
保留內徑的外緣。
不要切割內徑的線條。

※書中的原寸圖案為沿框的內徑大小。所以除了要割取的圖案部分之外，內徑線＆外側留白處不要裁掉喔！

P.2-1　鑽石［萬花筒］

◆尺寸　大（內徑23cm）
◆摺法　16等分（22.5°）
◆用紙　【底紙】pink
　　　　❶ red　❷ lemon　❸ marine

將圖案從上開始分成三等分，從左至右、由上而下地切割圖案就能使紙不偏掉地順利作業。建議從要切割的圖案中，挑選會留下細線條的位置＆有大轉彎弧度等看起來最難的部分開始切割。
※將❸marine的摺線（花樣）往右錯開半邊後貼上。（參見P.41）

❶

❷

❸（半錯開）

P.2-2　紅寶石［萬花筒］

◆尺寸　大（內徑 23cm）
◆摺法　16 等分（22.5°）
◆用紙　【底紙】pink
❶ red　❷ sky　❸ marine

僅是將「鑽石」其中一片換成不同顏色的異色款作品，給人的印象就大不相同。
挑選喜歡的顏色，創作專屬於你的寶石吧！
一旦變換顏色，外觀看起來就會不一樣，所以在貼之前要先檢視順序喔！建議此時將切好攤開的紙張一張張放入透明夾內，檢視起來就會相當簡單。
※❸marine的摺線（花樣）往右錯開半邊後貼上。（參見P.41）

P.2-3　藍寶石［萬花筒］

◆尺寸　大（內徑 23cm）
◆摺法　16 等分（22.5°）
◆用紙　【底紙】pink
❶ sky　❷ lemon　❸ marine

在完成前，盡可能不要讓切割後攤開的紙張❶❷❸重疊放在一起，以免發生進行下一個步驟的作業時，紙張割開的部分互相勾到破掉的狀況。
※❸marine的摺線（花樣）往右錯開半邊後貼上。（參見P.41）

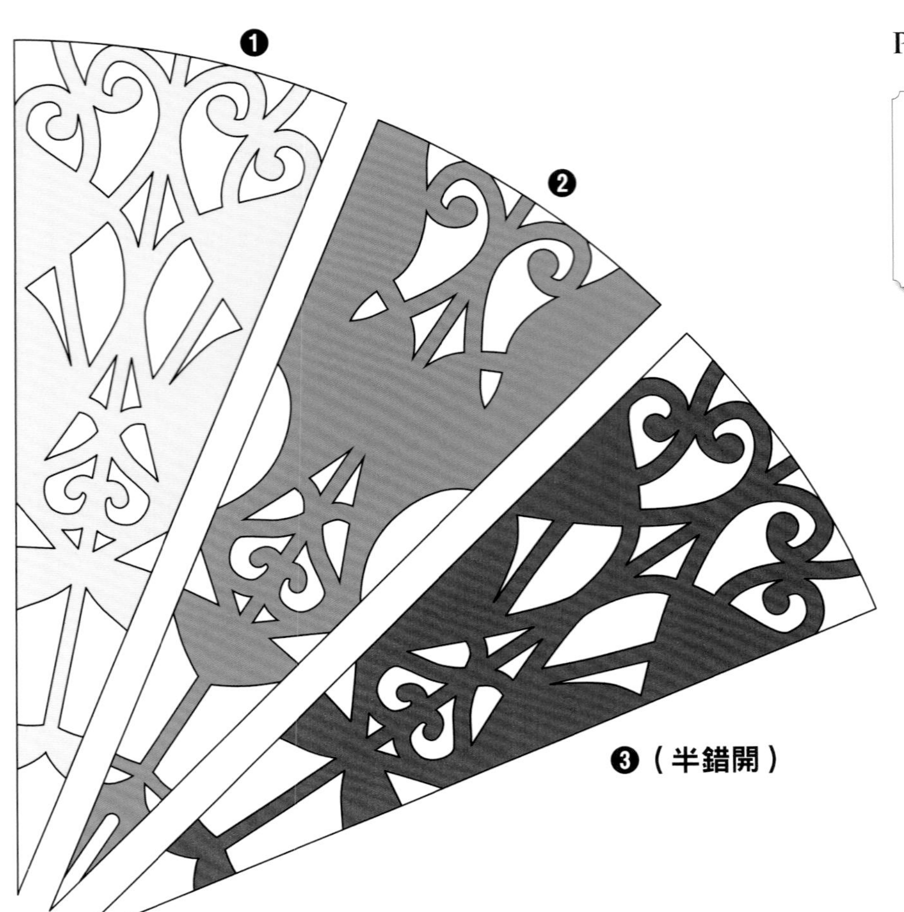

P.3-4　印度［萬花筒］

◆尺寸　大（23cm）
◆摺法　16 等分（22.5°）
◆用紙　【底紙】pink
❶ lemon　❷ sky　❸ red

以世界各國國名為題的系列作品是以「鑽石」的相同圖案作出的變化形。
以「鑽石」、「紅寶石」、「藍寶石」中所使用的四色來配色吧！僅是如此就能產生相當豐富的變化，若再將顏色改變，樂趣就會更加提升喔！
※❸red的摺線（花樣）往右錯開半邊後貼上。（參見P.41）

P.3-5　洛杉磯［萬花筒］

◆尺寸　大（內徑 23cm）
◆摺法　16 等分（22.5°）
◆用紙　【底紙】pink
❶ marine　❷ lemon　❸ lemon

此作品的第3片不需錯開，直接貼合即可。
但若故意錯開也能完成美麗的作品，會浮現出一般的設計上不可能＆流動的設計，請一定要嘗試看看！
錯開技法雖然可以錯開到1個摺份，但此設計若錯開1個摺份，圖案就會回到原狀，因此建議只錯開半個。其中再一半或是哪半個錯開，依照個人喜好決定即可。不論錯開三片中的哪一個都會讓圖案產生新的變化。

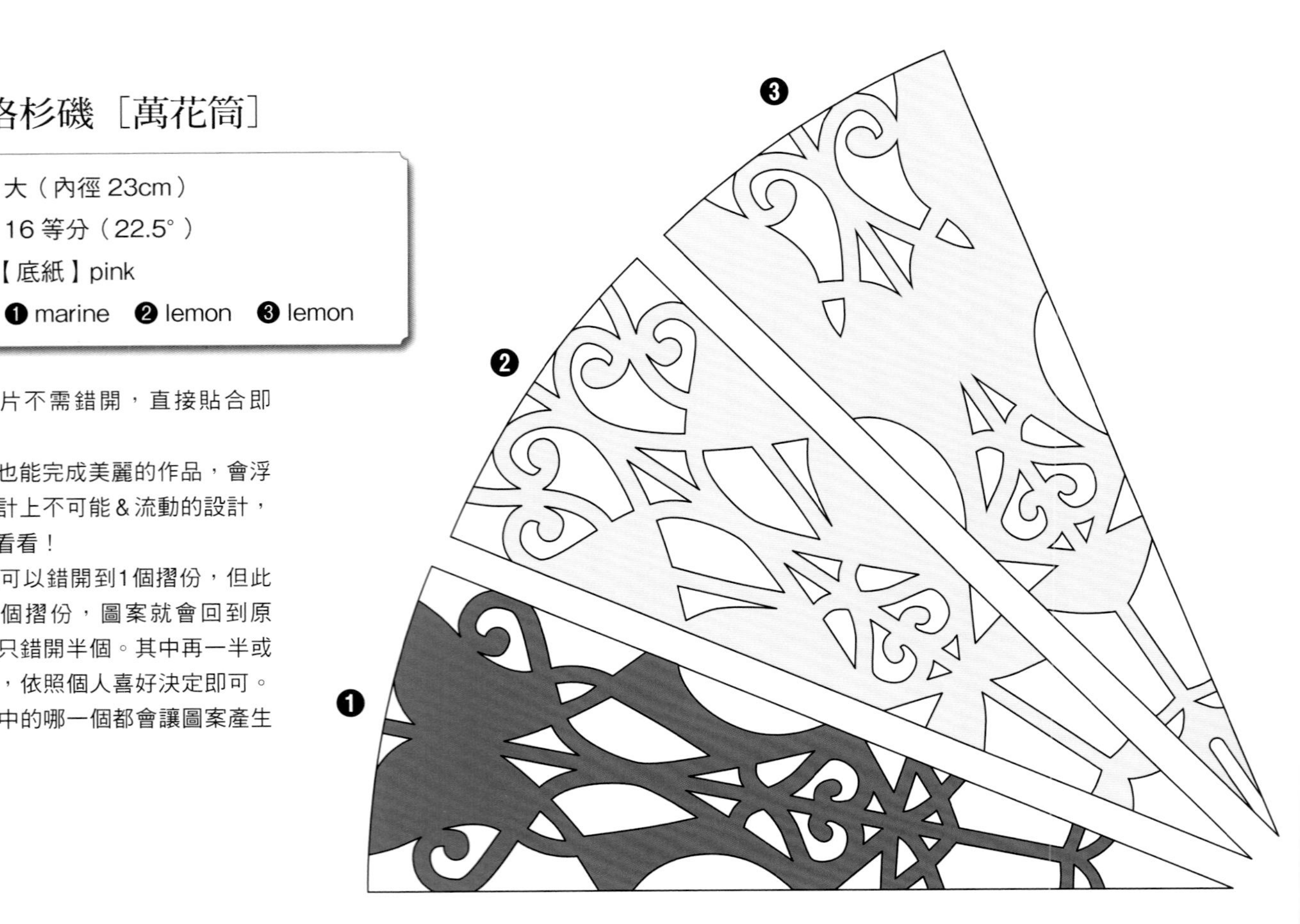

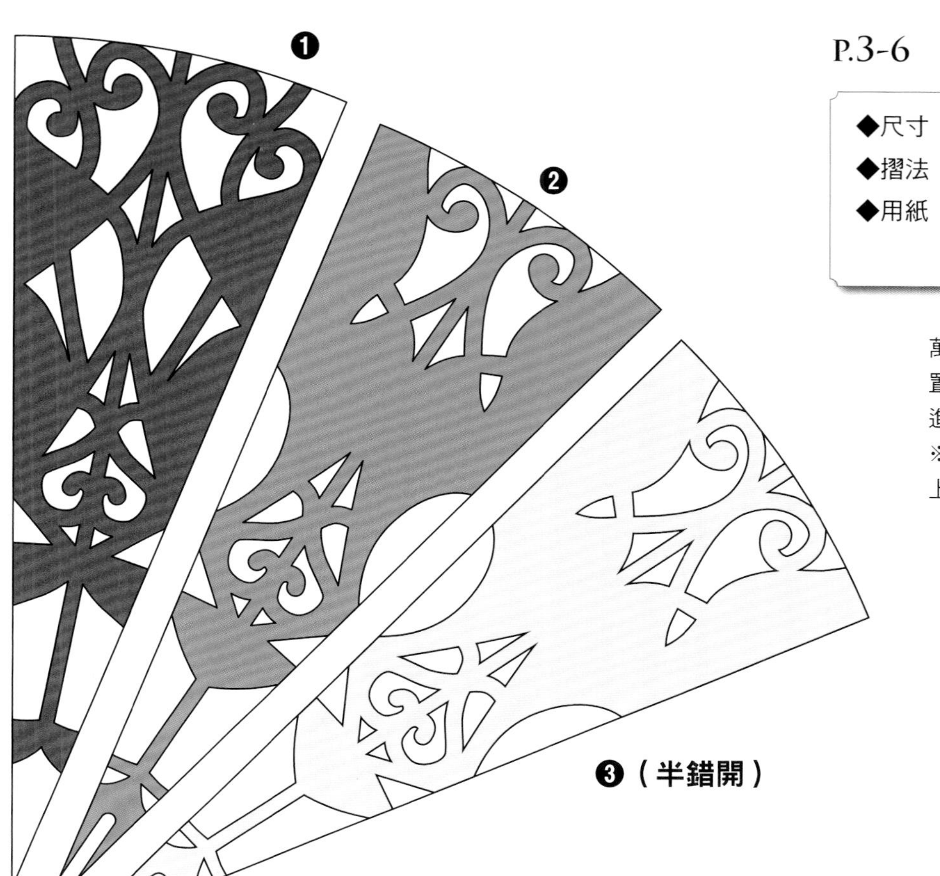

P.3-6 非洲［萬花筒］

◆尺寸 大（內徑 23cm）
◆摺法 16 等分（22.5°）
◆用紙 【底紙】pink
❶ red ❷ sky ❸ lemon

萬花筒系列的完成作品不建議放在伸手可及的位置，請放在遠處眺望吧！配色也請預想到這點來進行喔！
※❸lemon的摺線（花樣）往右錯開半邊後貼上。（參見P.41）

P.4-7 小路の盡頭

◆尺寸 大（內徑 23cm）
◆摺法 16 等分（22.5°）
◆用紙 【底紙】white
❶ red ❷ green
❸ aqua ❹ carcoal

依順手的方式挑選剪刀＆雕刻刀分別使用吧！❷green上的半圓形設計以剪刀來剪會比較容易喔！此時，剪刀一定要以逆時針方向來剪（右撇子）。建議裁剪曲線時使用刀刃的V字處，裁剪十字線條＆直線時則使用刀刃前端。
請確實拿著待剪的圖紙，不是移動剪刀而是移動紙張進行裁剪吧！

P.5-8　蝴蝶

◆尺寸　大（內徑 23cm）
◆摺法　6 等分（60°）
◆用紙　【底紙】white
❶ sky　❷ aqua　❸ canaria

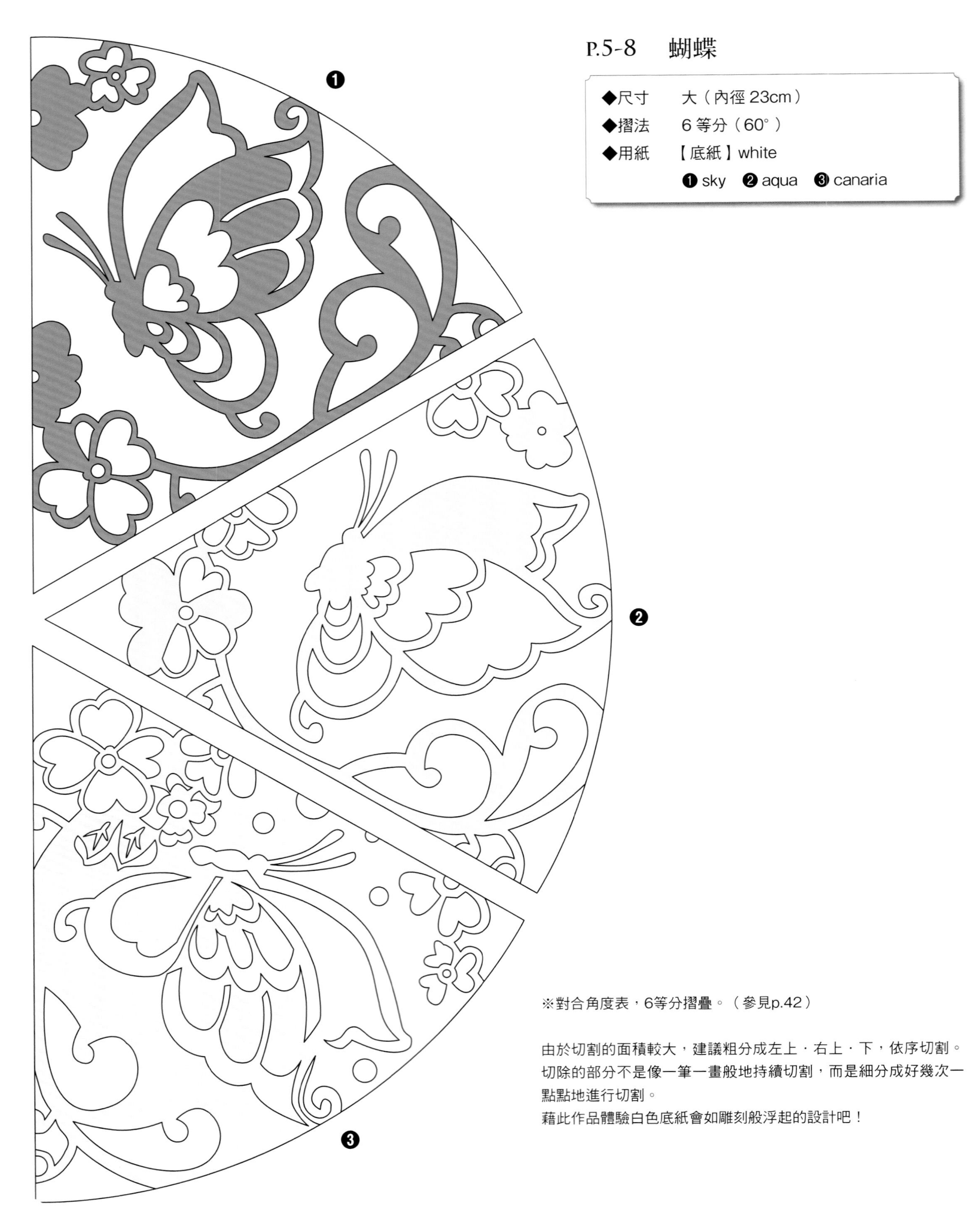

※對合角度表，6等分摺疊。（參見p.42）

由於切割的面積較大，建議粗分成左上・右上・下，依序切割。切除的部分不是像一筆一畫般地持續切割，而是細分成好幾次一點點地進行切割。
藉此作品體驗白色底紙會如雕刻般浮起的設計吧！

P.5-9　妖精

◆尺寸　大（內徑 23cm）
◆摺法　6 等分（60°）
◆用紙　【底紙】white
❶ cherry　❷ lettuce　❸ canaria

❸

❷

❶

※對合角度表，6等分摺疊。（參見p.42）

花樣朝圓形中心連續延伸＆要剪下的部分較大時，不可沿著線條一次割取，而是應細分成幾個區塊來剪。（因為要剪下來的紙，不管變成怎樣的形狀都沒關係。）

P.5-10　花朵

◆尺寸　大（內徑 23cm）
◆摺法　6 等分（60°）
◆用紙　【底紙】white
❶ cherry　❷ rose　❸ canaria

※對合角度表，6等分摺疊。（參見p.42）

為了將曲線劃出美麗的弧度，要慎重地切割喔！雕刻刀的刀刃請垂直朝向切割墊，作業進行至慣用手方向時要注意避免刀刃傾斜。
為了維持慢慢地往自己方向劃割的流暢度，建議以慣用手 & 另一隻手確實按壓在切割線條上，隨著雕刻刀移動。

Party Set（海洋・檸檬綠色・玫瑰）

◆尺寸（共同）　小（內徑 14.5cm）
◆摺法（共同）　16 等分（22.5°）
◆用紙　【底紙】（共同）white

小尺寸且難易度低的設計。
其他的作品皆需配合尺寸大小，但此款設計可以依喜好放大、縮小影印，作出各種顏色 & 尺寸來玩也很愉快喔！（方法參見p.40）

P.6-15 桃子［Party］

◆尺寸　大（內徑 23cm）
◆摺法　16 等分（22.5°）
◆用紙　【底紙】white
❶ marine　❷ sky
❸ rose　❹ canaria

以剪刀裁剪❷sky的最下方的線條時，建議將圓形的中心端朝上，確實拿著圖紙進行裁剪。像這樣確保切割時有能按住的位置是很重要的重點，試著以此考慮切割時的順序吧！

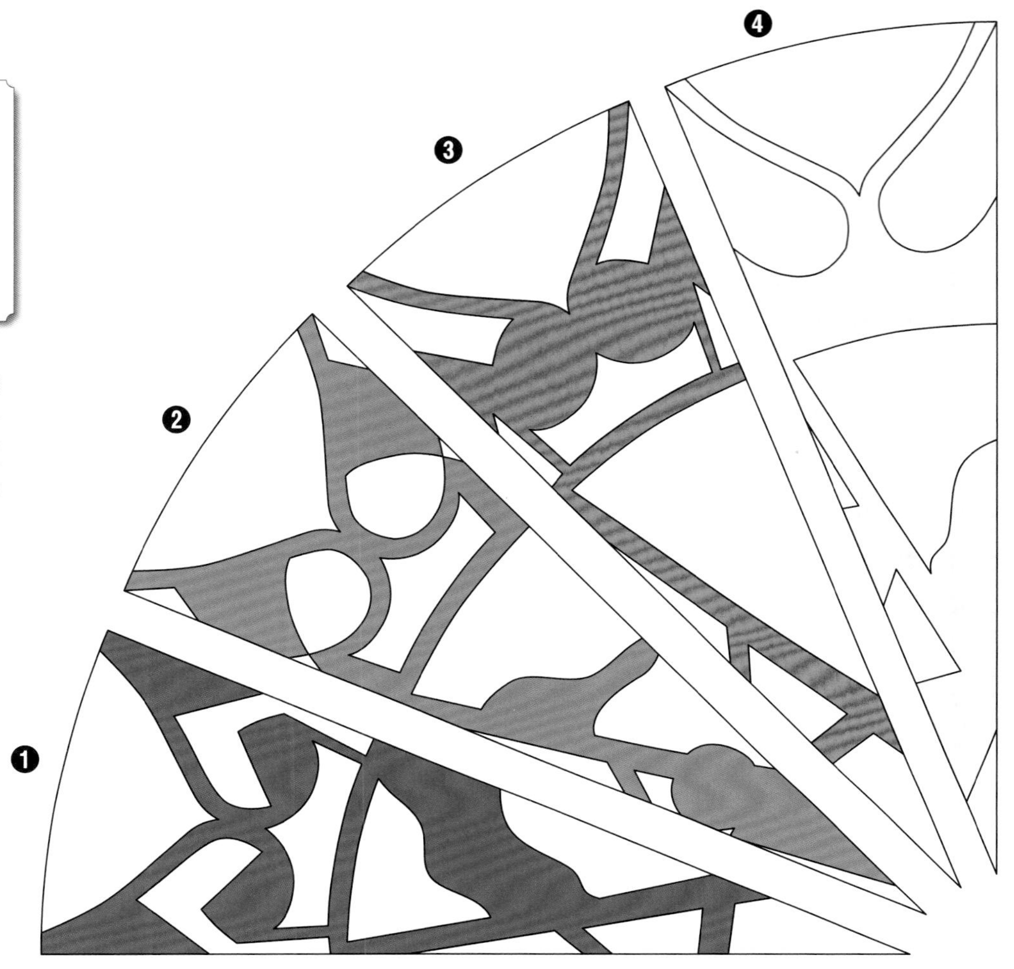

P.6-12 海洋［Party］

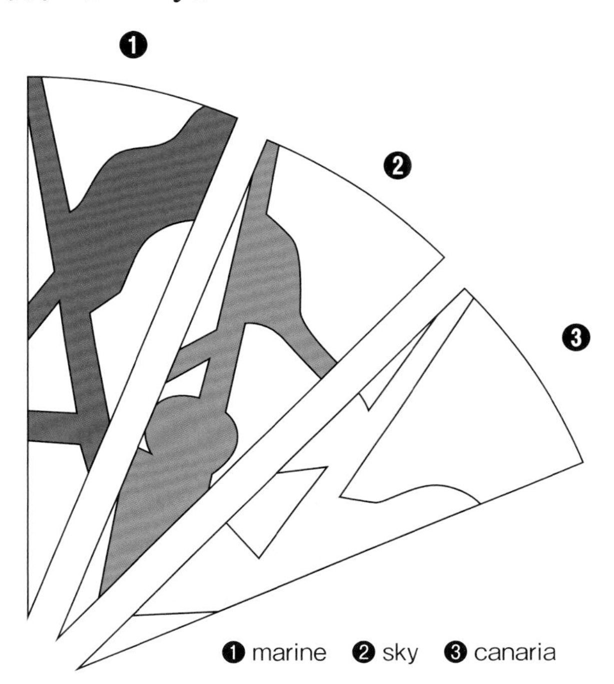

❶ marine　❷ sky　❸ canaria

P.6-16 檸檬［Party］

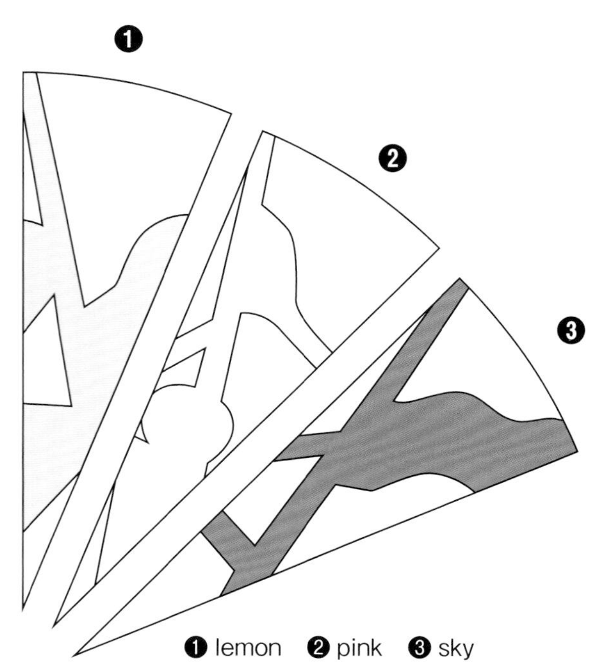

❶ lemon　❷ pink　❸ sky

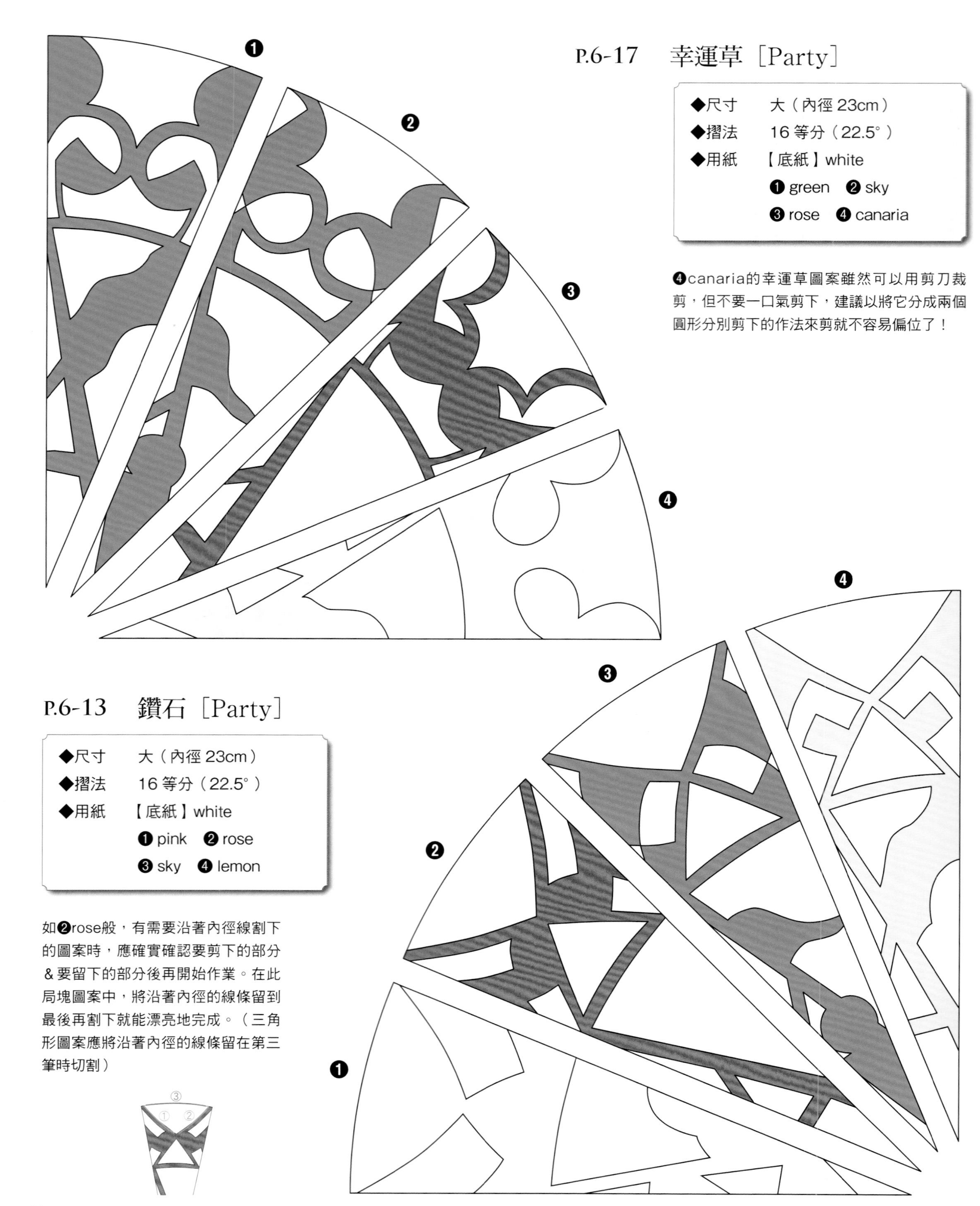

P.6-17　幸運草［Party］

◆尺寸　大（內徑 23cm）
◆摺法　16 等分（22.5°）
◆用紙　【底紙】white
❶ green　❷ sky
❸ rose　❹ canaria

❹canaria的幸運草圖案雖然可以用剪刀裁剪，但不要一口氣剪下，建議以將它分成兩個圓形分別剪下的作法來剪就不容易偏位了！

P.6-13　鑽石［Party］

◆尺寸　大（內徑 23cm）
◆摺法　16 等分（22.5°）
◆用紙　【底紙】white
❶ pink　❷ rose
❸ sky　❹ lemon

如❷rose般，有需要沿著內徑線割下的圖案時，應確實確認要剪下的部分＆要留下的部分後再開始作業。在此局塊圖案中，將沿著內徑的線條留到最後再割下就能漂亮地完成。（三角形圖案應將沿著內徑的線條留在第三筆時切割）

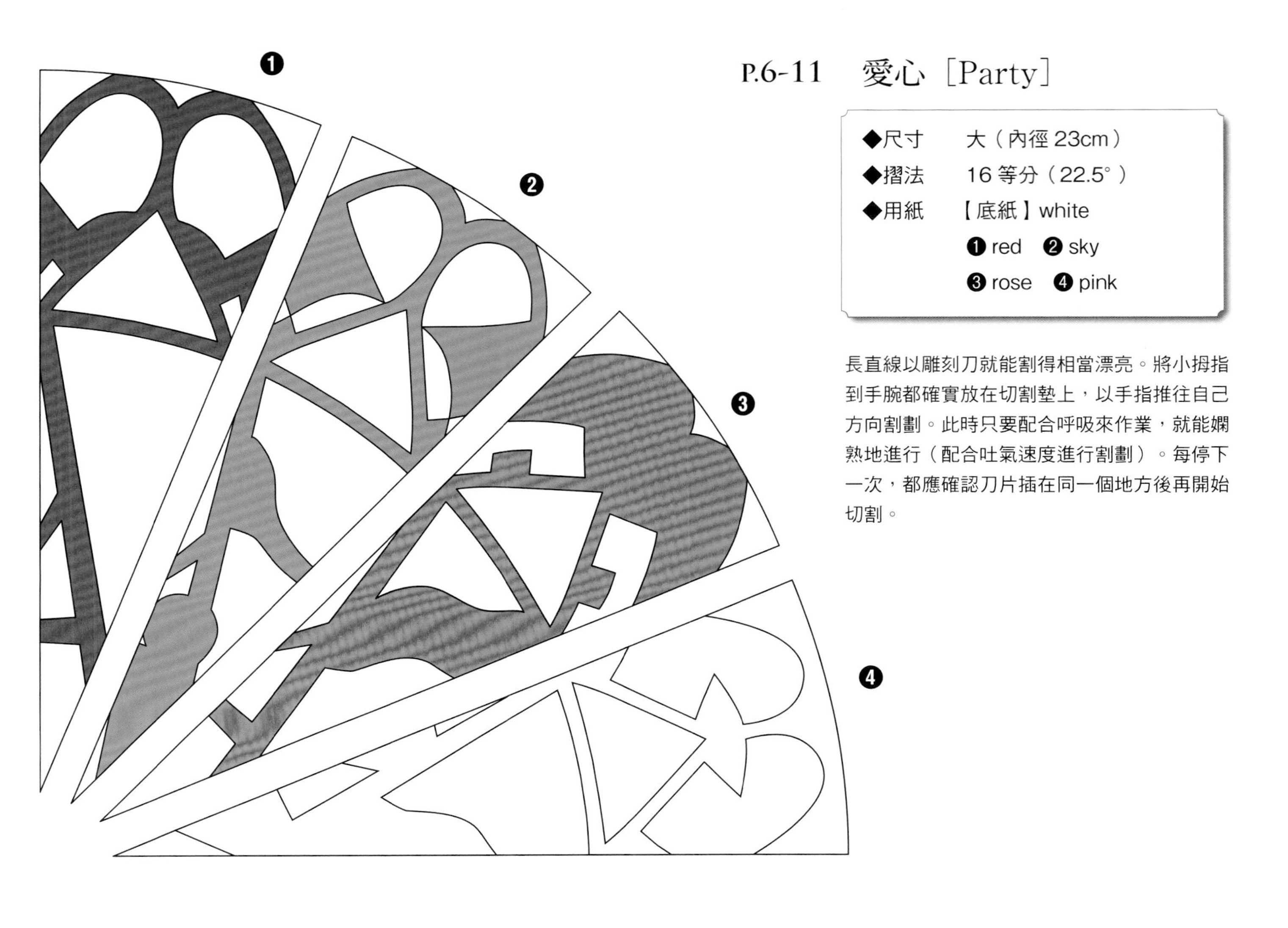

P.6-11 愛心［Party］

◆尺寸　大（內徑 23cm）
◆摺法　16 等分（22.5°）
◆用紙　【底紙】white
❶ red　❷ sky
❸ rose　❹ pink

長直線以雕刻刀就能割得相當漂亮。將小拇指到手腕都確實放在切割墊上，以手指推往自己方向割劃。此時只要配合呼吸來作業，就能嫻熟地進行（配合吐氣速度進行割劃）。每停下一次，都應確認刀片插在同一個地方後再開始切割。

◆尺寸（共同）　小（內徑 14.5cm）　◆摺法（共同）　16 等分（22.5°）　◆用紙　【底紙】（共同）white

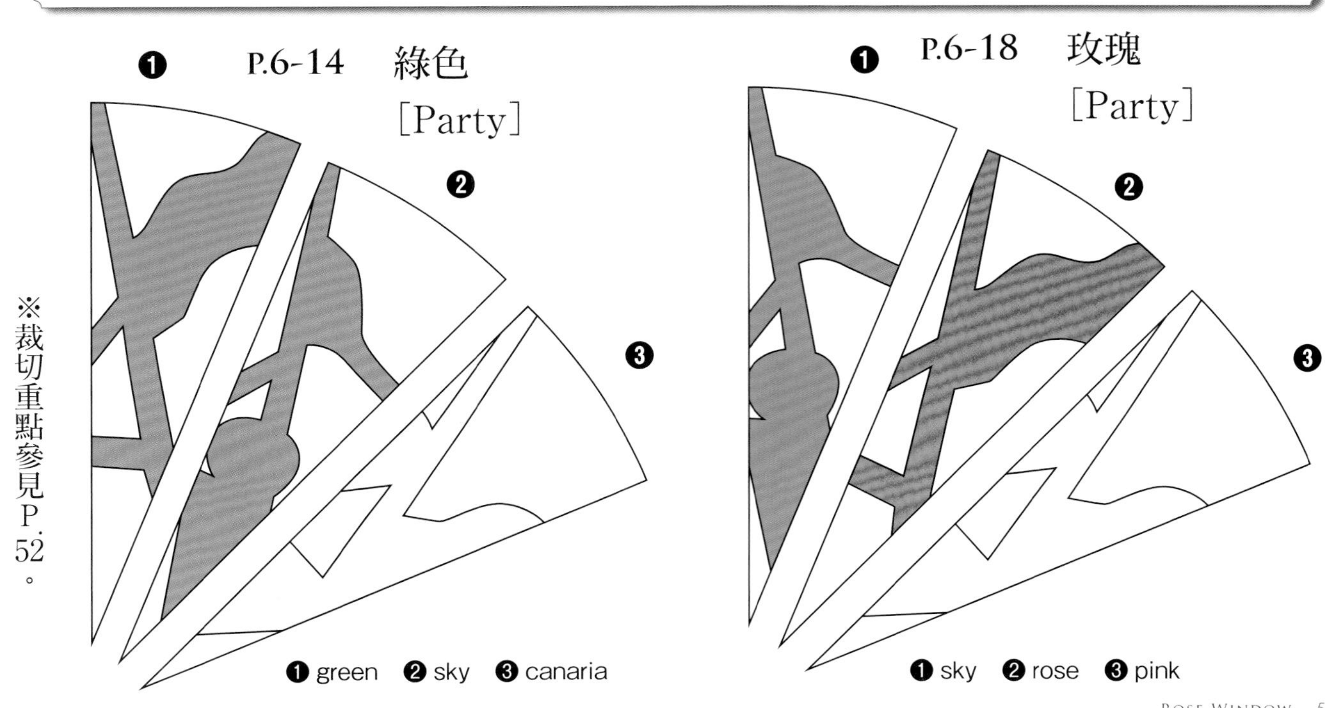

P.6-14 綠色［Party］

❶ green　❷ sky　❸ canaria

P.6-18 玫瑰［Party］

❶ sky　❷ rose　❸ pink

※裁切重點參見P.52。

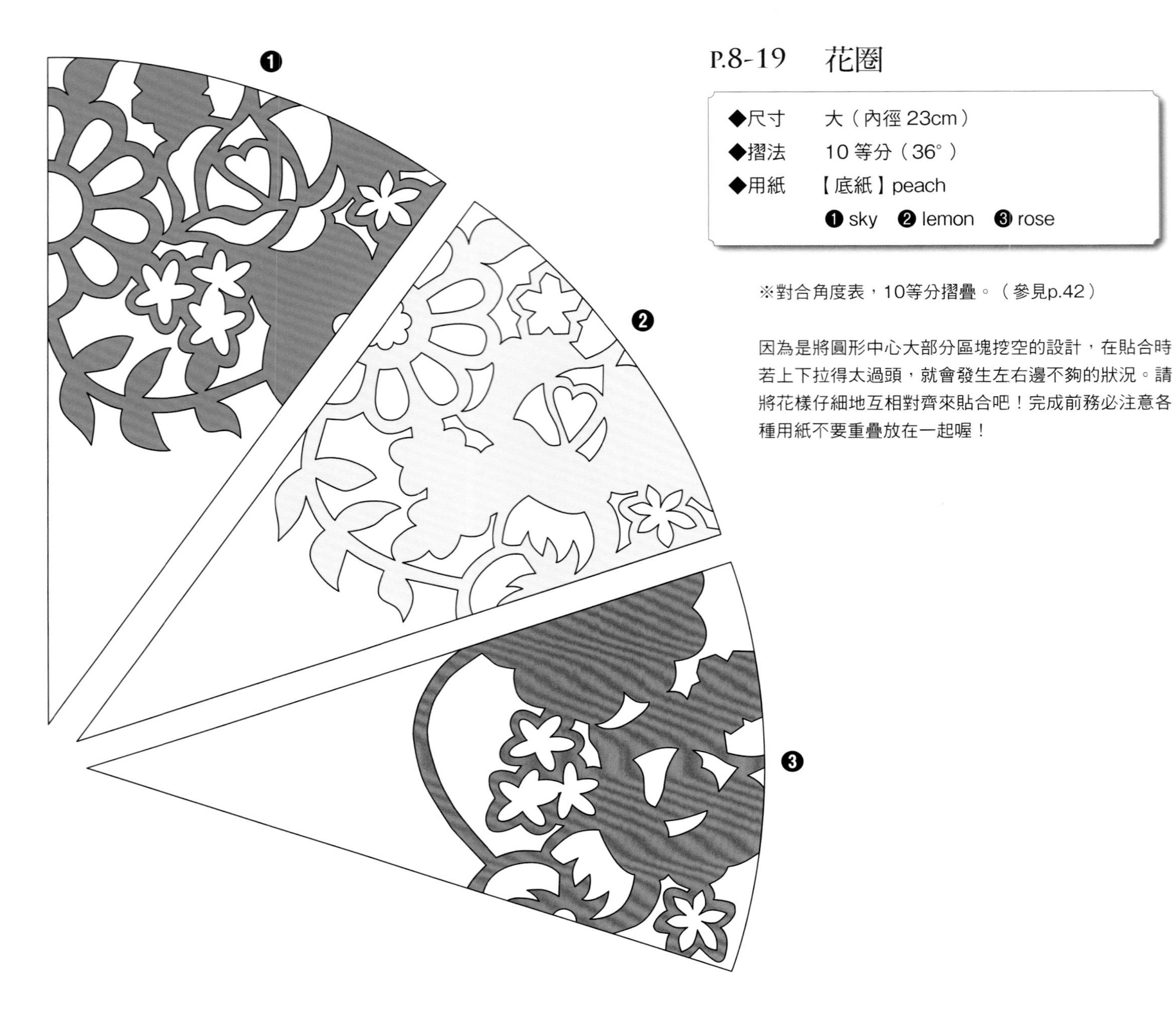

P.8-19 花圈

◆尺寸　大（內徑 23cm）
◆摺法　10 等分（36°）
◆用紙　【底紙】peach
❶ sky　❷ lemon　❸ rose

※對合角度表，10等分摺疊。（參見p.42）

因為是將圓形中心大部分區塊挖空的設計，在貼合時若上下拉得太過頭，就會發生左右邊不夠的狀況。請將花樣仔細地互相對齊來貼合吧！完成前務必注意各種用紙不要重疊放在一起喔！

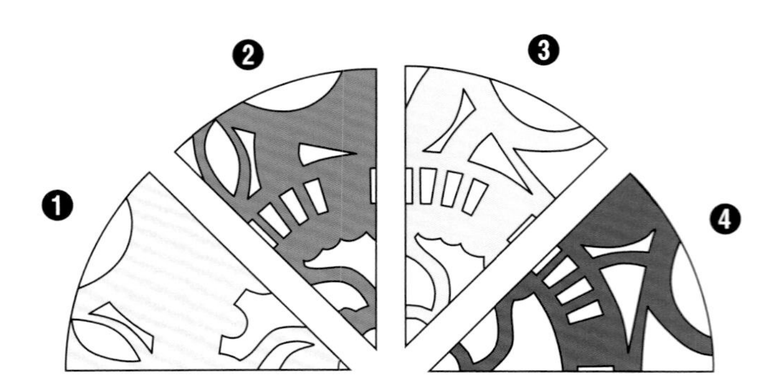

P.13-28 杯墊

◆尺寸　迷你（內徑 6.8cm）
◆摺法　8 等分（45°）
◆用紙　【底紙】white
❶ peach　❷ sky
❸ aqua　❹ marine

應用此作品作成茶杯墊、裝飾物、留言卡、書籤及燈罩等物品時，由於不需使用框架（參見p.66「刺繡＊Bonjour」），特別要注意內徑的線條。也可以多花一些功夫用更大的尺寸來製作喔！

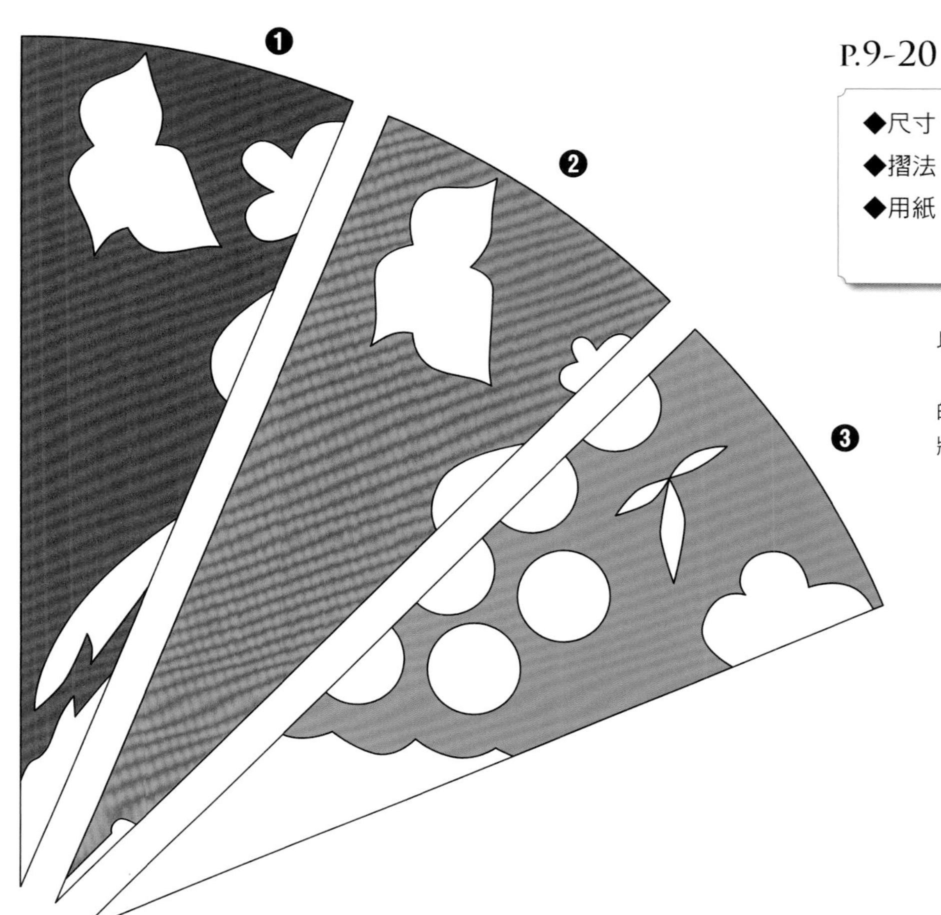

P.9-20　葡萄

◆尺寸　大（內徑 23cm）
◆摺法　16 等分（22.5°）
◆用紙　【底紙】white
❶ red　❷ rose　❸ green

以雕刻刀挖取❸的圓形相當的困難，但若能習慣「將刀片每拉劃2mm至3mm左右就轉動紙張」的節奏，就能意外地輕鬆切割。此時要隨時保持將雕刻刀的刀尖確實立起。

P.9-21　草莓

◆尺寸　大（內徑 23cm）
◆摺法　16 等分（22.5°）
◆用紙　【底紙】white
❶ red　❷ rose　❸ green

草莓種子雖然是細小的圖案，但只要以刀刃雕刺菱形的作法即可輕鬆切割。
❸green的草莓蒂頭部分，在要切掉的圖案中將切割線劃成十字交錯來切割，就能一次切除。

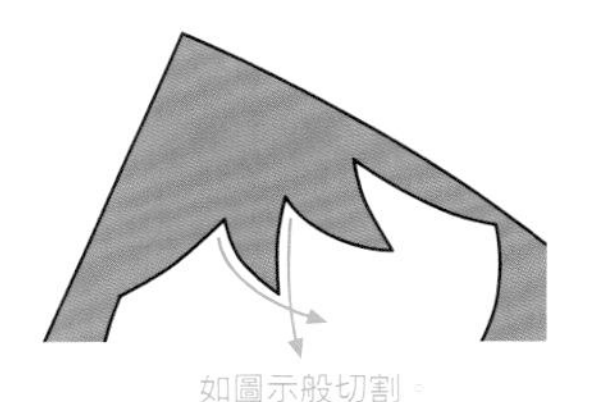

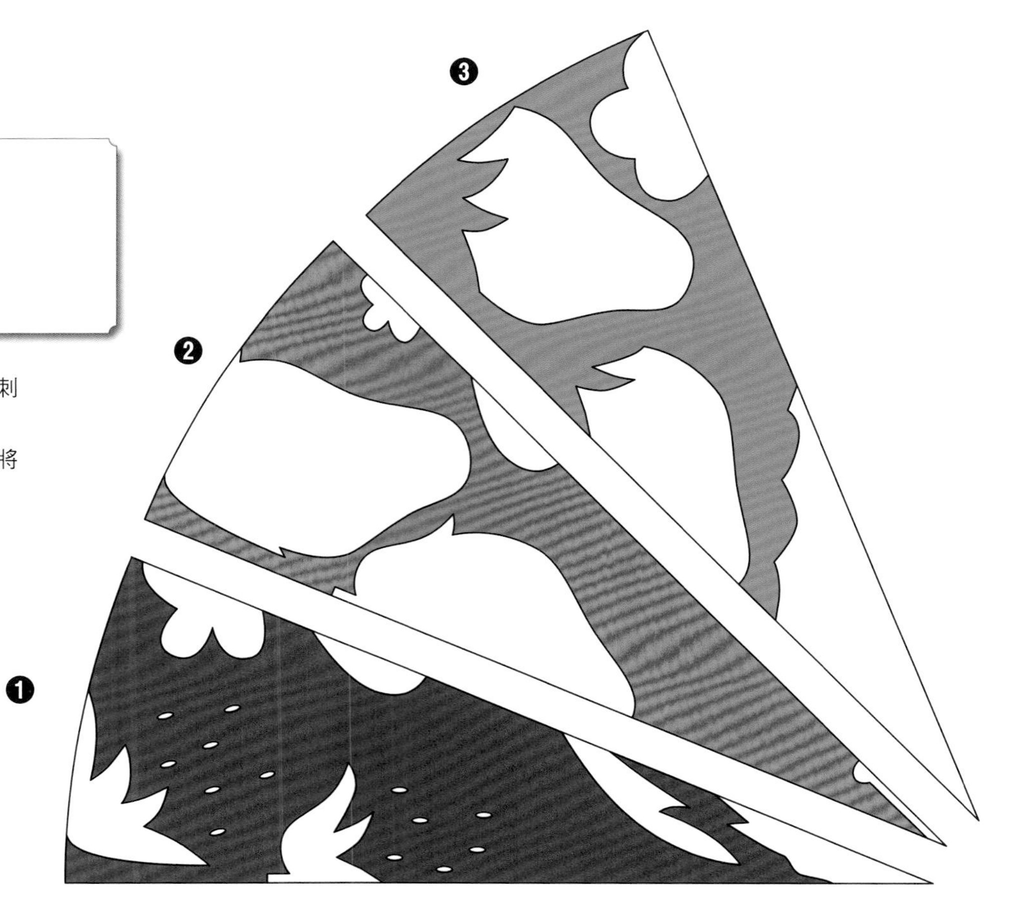

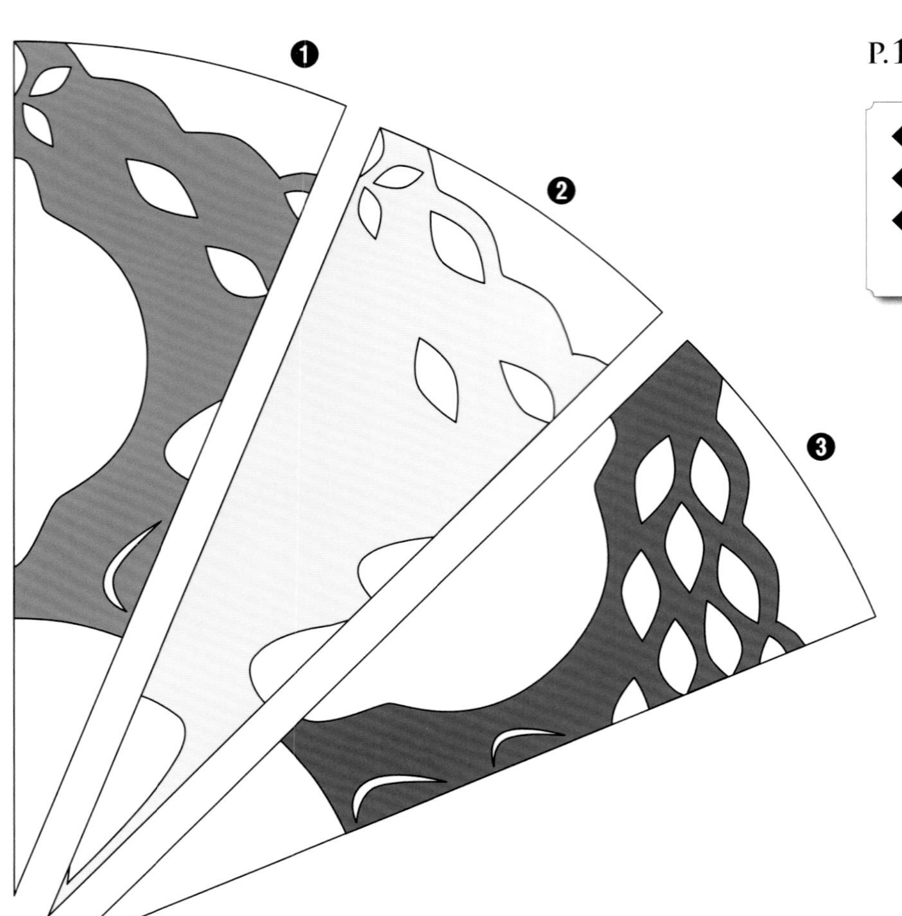

P.10-22　檸檬

◆尺寸　大（內徑 23cm）
◆摺法　16 等分（22.5°）
◆用紙　【底紙】canaria
❶ green　❷ lemon　❸ marine

玫瑰窗是一旦累積一個個作業的誤差，最後就會偏離得非常明顯的手工藝。為了對合圖案，摺法也十分重要。不要勉強對齊紙張，請重新確認摺製時的精細度吧！
太過用力也是作業時的大敵，請保持放鬆的心情來製作唷！

P.10-23　橘子

◆尺寸　大（內徑 23cm）
◆摺法　16 等分（22.5°）
◆用紙　【底紙】canaria
❶ orange　❷ lettuce　❸ marine

❶orange邊邊的星形，就算不沿著輪廓一次割取，畫分成大三角＆小三角形也能輕鬆剪下。
❷lettuce的橘子圖案則從應邊邊的小圓形開始切割。

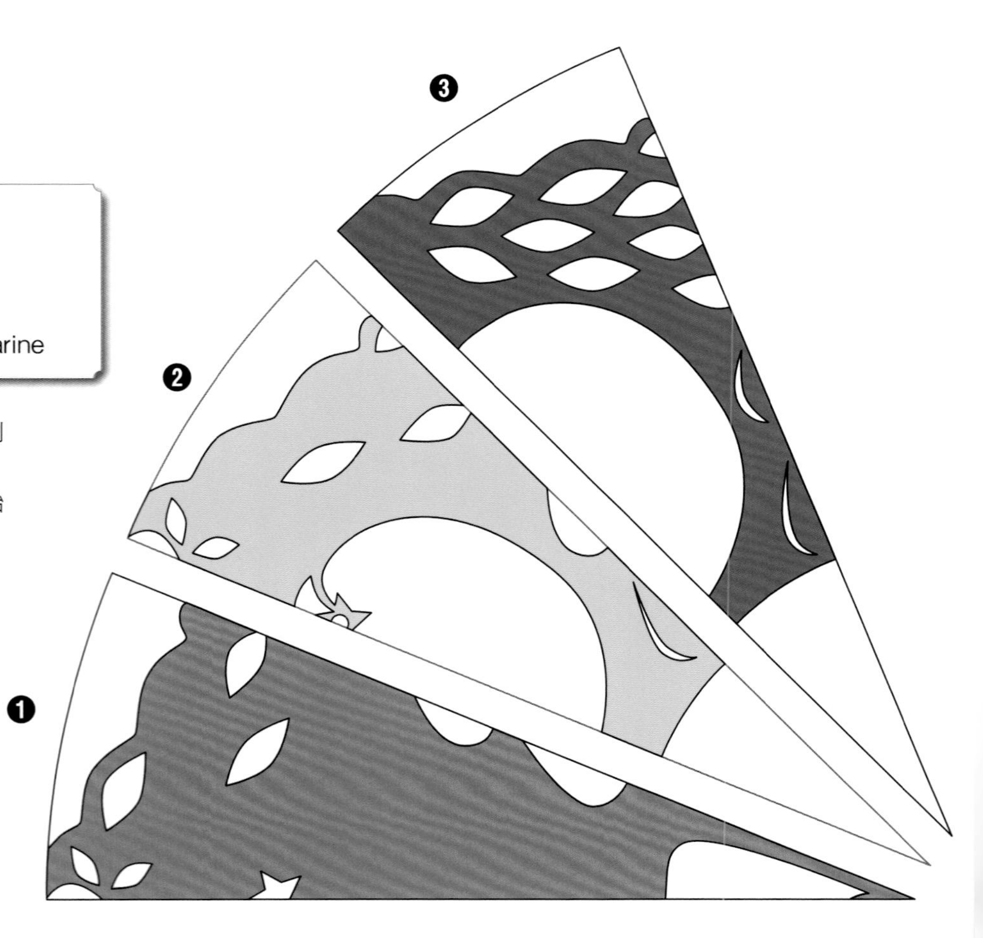

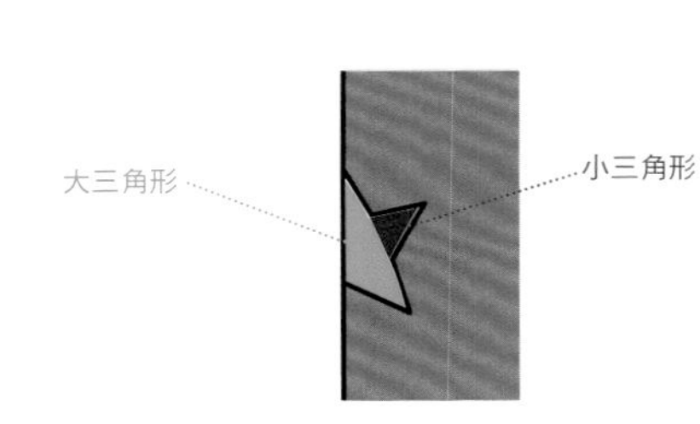

P.11-24 蔬菜盤

◆尺寸 大（內徑 23cm）
◆摺法 12 等分（30°） ※不規則
◆用紙 【底紙】peach
❶ green ❷ rose ❸ lemon

12等分摺線

❸

將圖紙攤開至6等分狀態後，
再裁切這條線內側的圖案。

12等分摺線

❷

12等分摺線

❶

※對合角度表，12等分摺疊。（參見p.42）
此設計是摺成12等分後，再攤開至6等分狀態進行作業的設計。為免紙張容易偏移，所以一開始摺疊12等分時，6等分狀態的摺法不是風箱摺，而是採用從兩邊摺入的方式。
圖案橫跨摺線的作品作法參見p.41。

P.11-25 杯子蛋糕

◆尺寸　中（內徑 18cm）
◆摺法　16 等分（22.5°）※不規則
◆用紙　【底紙】white
　　　❶ canaria　❷ red　❸ lettuce　❹ marron

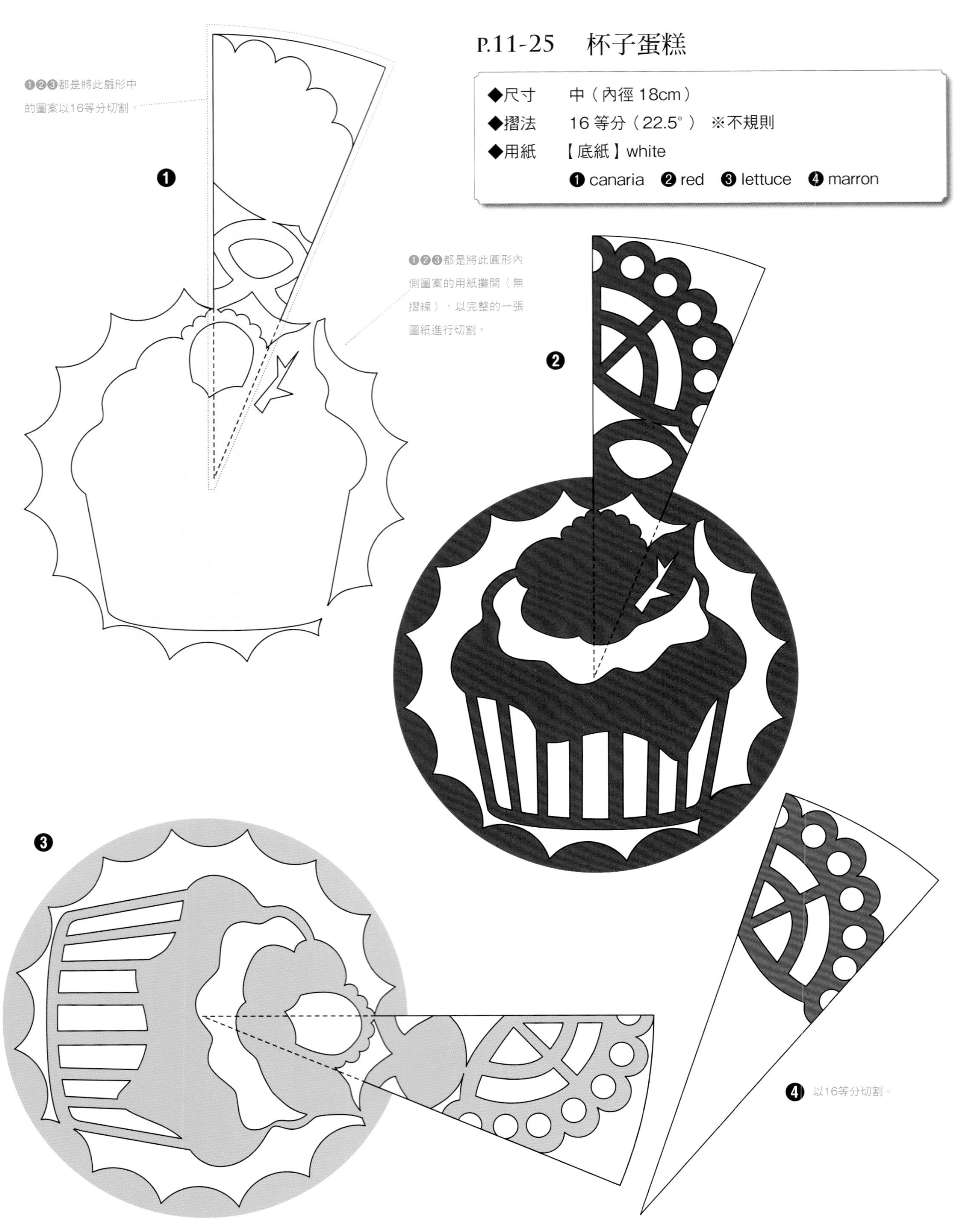

P.12-26　藍色彩繪盤

◆尺寸　大（內徑 23cm）
◆摺法　16 等分（22.5°）
◆用紙　【底紙】white
❶ sky　❷ aqua　❸ marine

玫瑰窗是項很容易表現出心理狀況的手工藝。這款作品有許多細緻的線條，難易度相當的高，請仔細且慎重地處理，但不小心割錯也沒有關係（修復方法參見p.40）。
請留意不要使深淺色圖紙完全重疊不見，熟練地連接起來吧！
參見「高明の攤開作法p.39」，細心攤開吧！
依攤開的平坦度不一，貼合時的難易度將完全不同。

P.13-27　磁磚

◆尺寸　極小（內徑 11cm）
◆摺法　8 等分（45°）
◆用紙　【底紙】white
❶ peach　❷ sky
❸ aqua　❹ marine

貼合紙張時，請注意有沒有壓摺到下方的紙張再貼下一張紙。
由於也會有貼上後就不能修正的情況，圖紙不管怎樣都會分開時，請稍微沾點膠黏合吧！

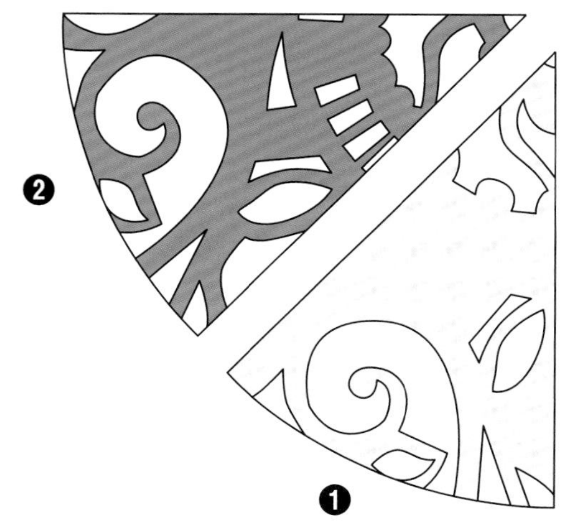

【杯子蛋糕】
※中心的圖樣需在攤開成一張的狀態下進行切割畫，請仔細閱讀詳細的作法。（參見p.41）展開成一片時，特別重視雕刻刀的切割感。此時建議換上新刀片 & 使用比較沒有刮傷的切割墊。（這也能解決僅僅切割卻花很多時間 & 力氣的問題。）

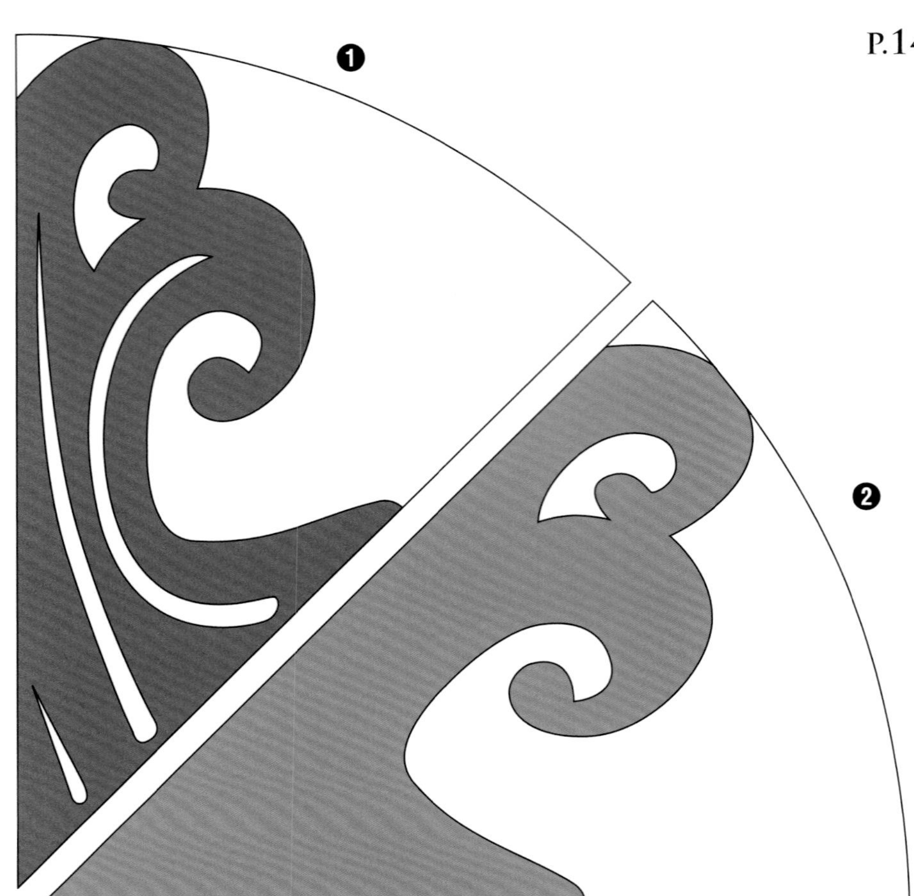

P.14-29 Wave［夏威夷風］

◆尺寸　大（內徑 23cm）
◆摺法　8 等分（45°）
◆用紙　【底紙】white
❶ marine　❷ sky

※8等分摺疊。（參考p.37基本作法的步驟1至12進行摺紙。將圖案複寫在圓形中心朝向自己，在右手側摺成一片狀的紙面上。）

以夏威夷風拼布為發想的設計。本系列的五件作品厚度都較薄 & 容易裁剪，最適合用來練習雕刻刀技巧。（難易度低）
確實壓住紙張以免偏掉，將曲線漂亮 & 仔細地切割下吧！

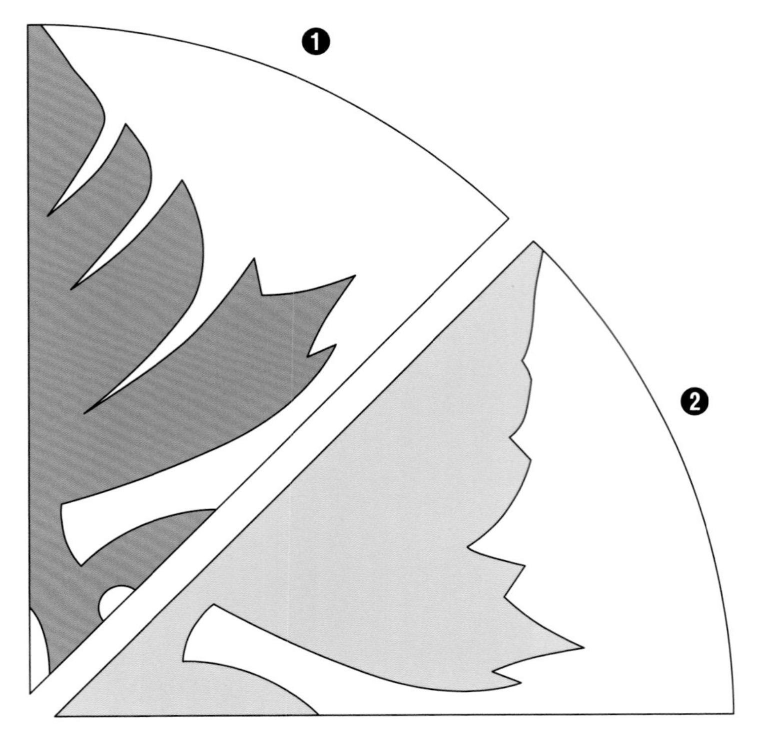

P.14-32 Leaf［夏威夷風］

◆尺寸　中（內徑 18cm）
◆摺法　8 等分（45°）
◆用紙　【底紙】white
❶ green　❷ lettuce

※8等分摺疊。（參考p.37基本作法的步驟1至12進行摺紙。將圖案複寫在圓形中心朝向自己，在右手側摺成一片狀的紙面上。）

這是能夠享受將葉脈作出漸層之美的作品。建議可在圖紙分開時稍微上一點膠，或在貼上外框前以雙面膠貼上剪成圓形的透明夾。（也能用來預防破損 & 日曬）

P.14-30 Honu［夏威夷風］

◆尺寸　小（內徑 14.5cm）
◆摺法　8 等分（45°）
◆用紙　【底紙】white
　　　　❶ orange ❷ lemon

※8等分摺疊。（參考p.37基本作法的步驟1至12進行摺紙。將圖案複寫在圓形中心朝向自己，在右手側摺成一片狀的紙面上。）

在為玫瑰窗配色時，一般作法是依花樣的顏色來決定，但實際上將全部圖紙重疊後的顏色印象也相當重要。
特別是這款夏威夷系列，是能藉此學會兩片顏色重疊後會變成哪種顏色的設計喔！依黏貼的順序差異，顯現出的顏色也會不一樣。立刻利用自製色票來體驗色彩的麼法吧！

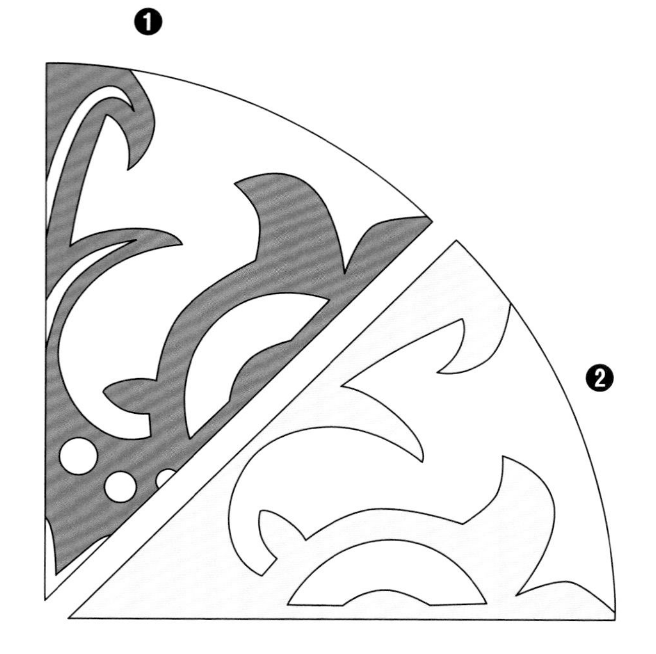

P.14-31 Shell［夏威夷風］

◆尺寸　迷你（內徑 6.8cm）
◆摺法　8 等分（45°）
◆用紙　【底紙】white
　　　　❶ rose ❷ purple

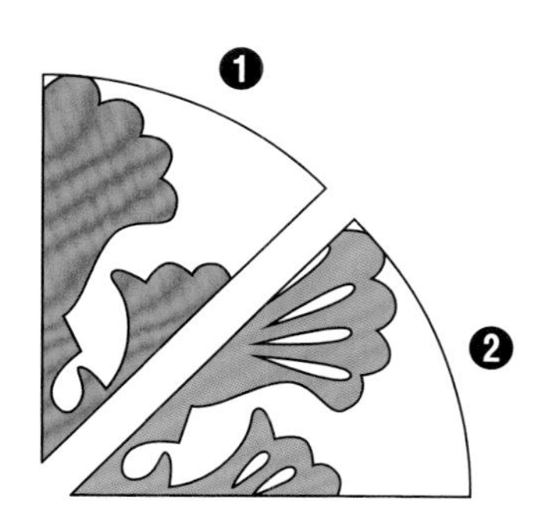

※8等分摺疊。（參考p.37基本作法的步驟1至12進行摺紙。將圖案複寫在圓形中心朝向自己，在右手側摺成一片狀的紙面上。）
貝殼花樣的波浪線條不要從上半部開始割，而是從靠近自己區塊處一筆一筆地割下，漂亮地完成。貝殼上的細紋則可以一次性裁下。

P.14-33 Prumeria［夏威夷風］

◆尺寸　極小（內徑 11cm）
◆摺法　8 等分（45°）
◆用紙　【底紙】white
　　　　❶ red ❷ rose

※8等分摺疊。（參考p.37基本作法的步驟1至12進行摺紙。將圖案複寫在圓形中心朝向自己，在右手側摺成一片狀的紙面上。）

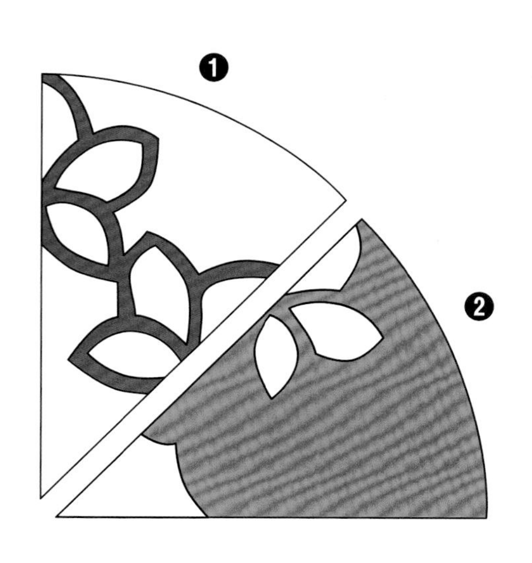

【共通】
如P.14的完成品般要以緞帶＆蕾絲進行裝飾時，需在貼上表框前夾入繩子，再以木工用白膠黏貼固定。

P.15-34
光之拼布

◆尺寸（共通） 極小（內徑 11cm）
◆摺法（共通）16 等分（22.5°）
◆用紙 【底紙（共通）】white

以圓形切割器將厚紙版或圖紙依喜好的間隔取下，鑲嵌上這款色彩豐富的蕾絲作品，完成獨一無二的拼貼創作吧！
如蕾絲墊般的設計可以不用雕刻刀僅以剪刀即可完成，是相當適合初學者的圖案。
標示（- - -）記號時，請以剪刀剪入圖形間。

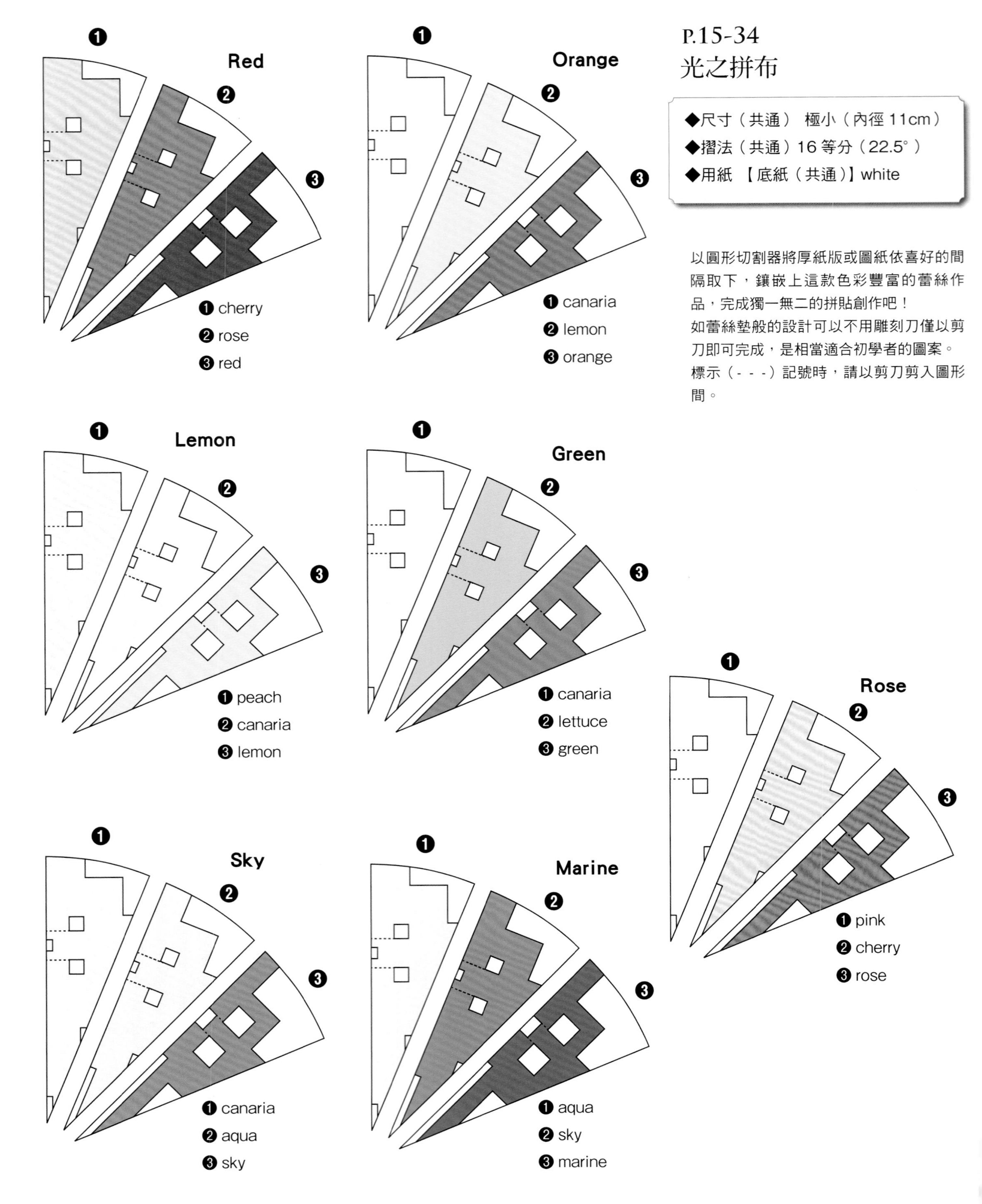

其他の圖案

將各種圖案依指定的線條的內側切割後，重疊完成玫瑰窗，再貼在作為底座的畫紙上。　※完成品的顏色會因選紙不同而有差異，以下標示相似的顏色僅供參考。

所有尺寸皆為迷你（內徑6.8cm）

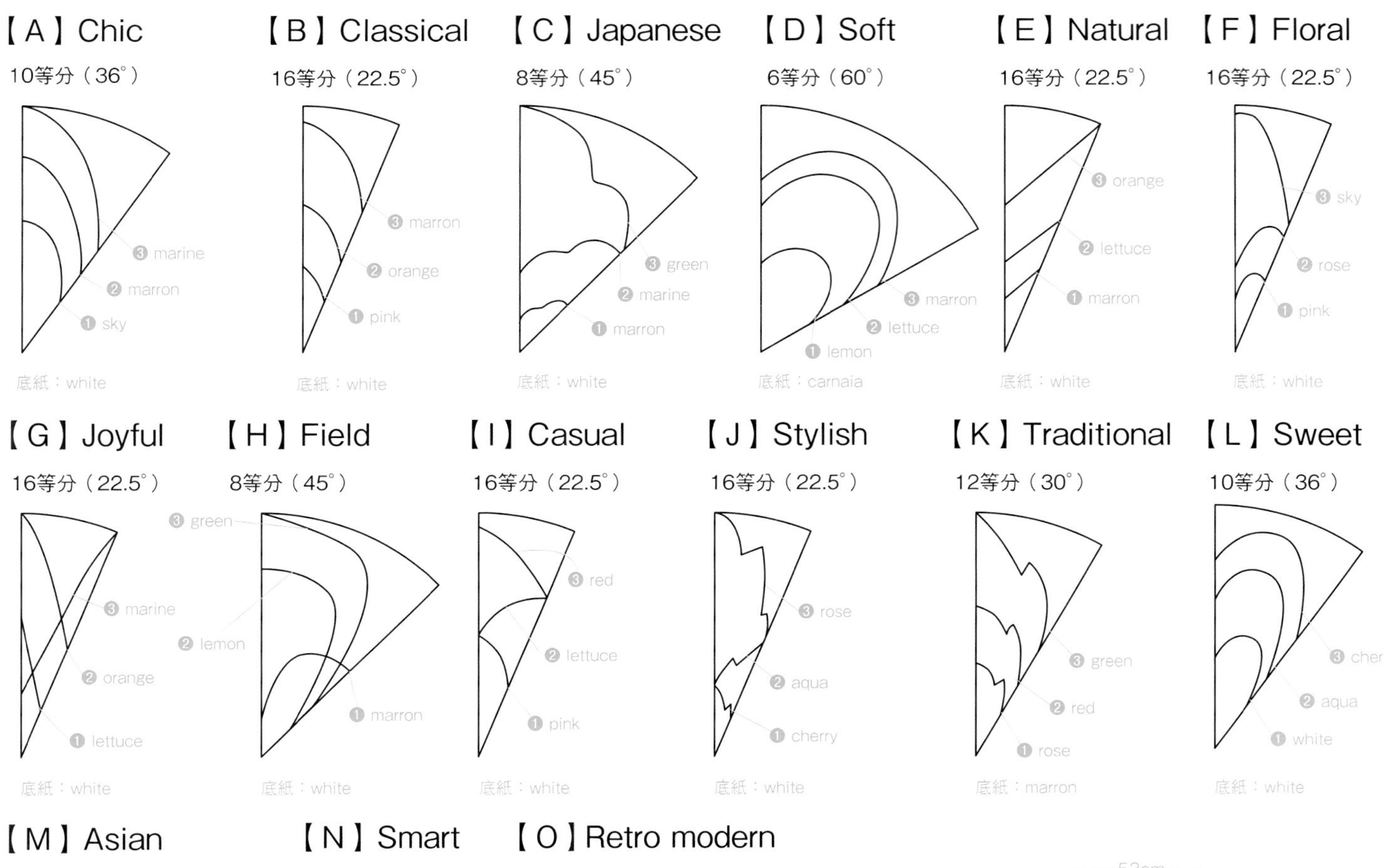

【M】Asian

8等分（45°）

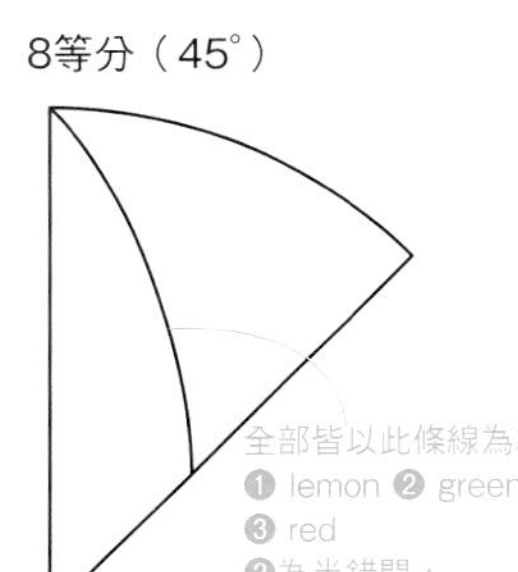

底紙：marron

【N】Smart

12等分（30°）

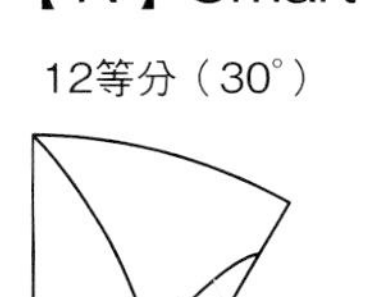
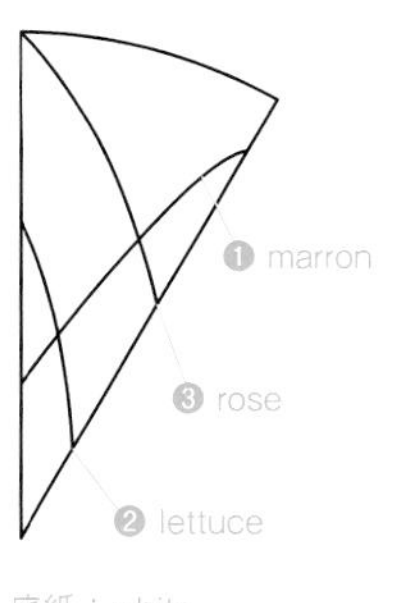

底紙：white

【O】Retro modern

8等分（45°）

❸ marine
❷ green
❶ lemon

底紙：marron

【P】Cheerful

16等分（22.5°）

❸ lettuce
❷ carnaia
❶ white

底紙：white

【Q】Country

8等分（45°）

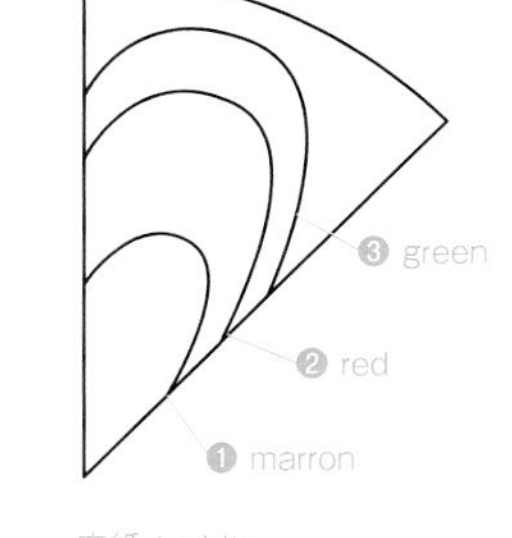

底紙：white

【組合方式】
在長76.5cm×寬53cm的厚圖紙上，依右圖排列開孔作出玫瑰窗所需的洞後貼上。

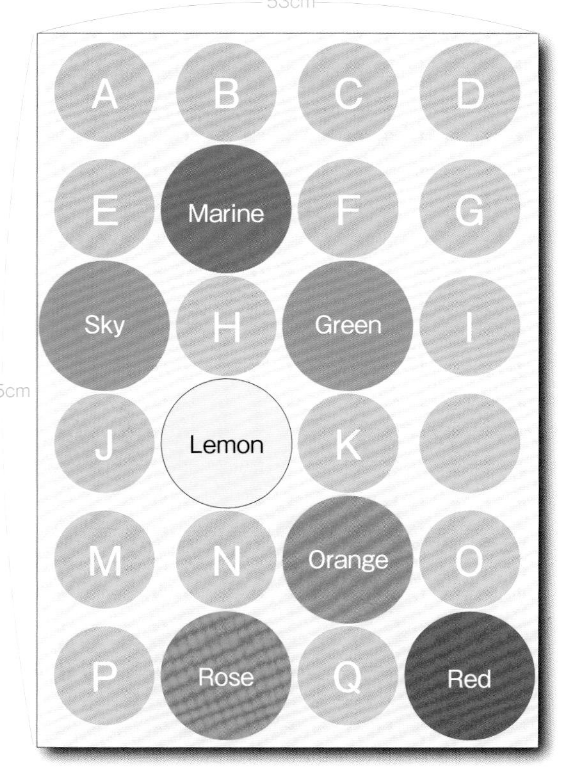

剪下的圖紙為花朵形狀，可應用於p.35「光之簾子」。

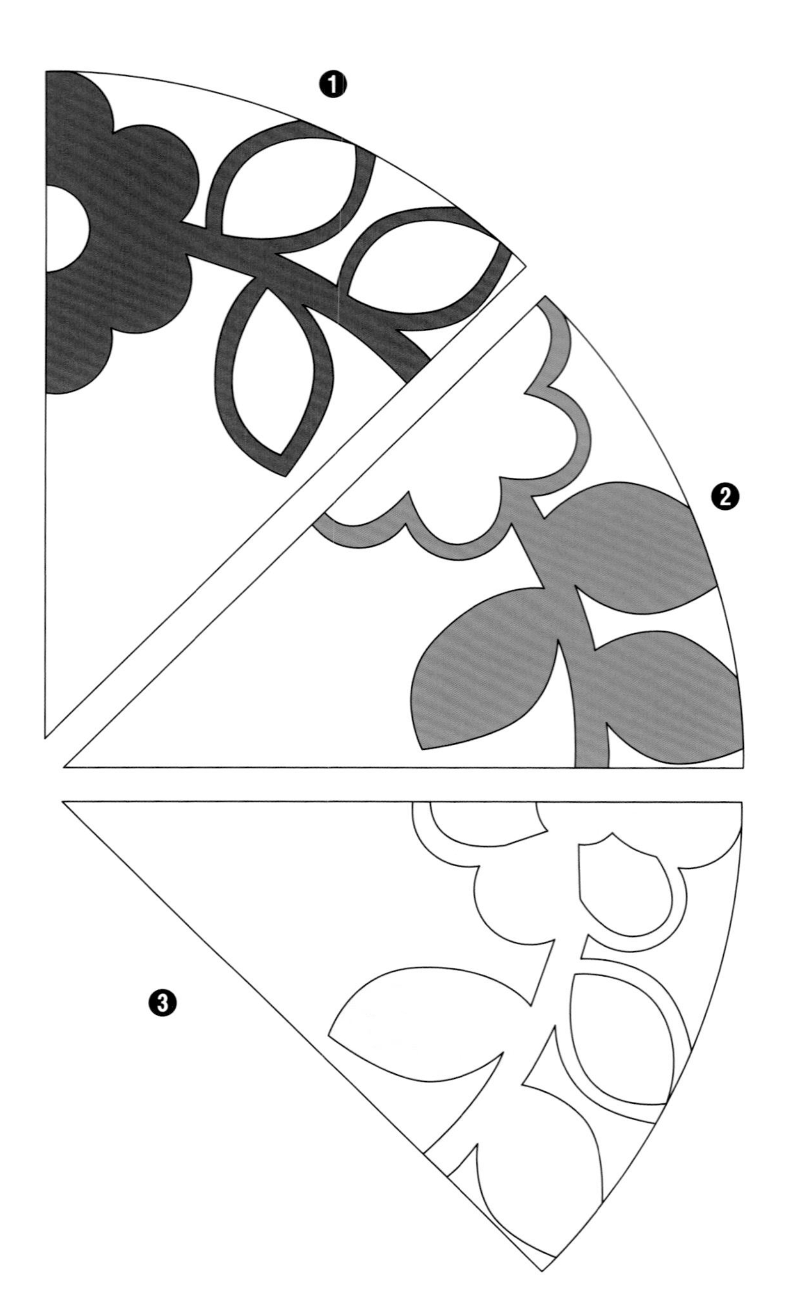

P.16-35　刺繡＊Bonjour

◆尺寸	中（內徑 18cm）
◆摺法	8 等分（45°）
◆用紙	【底紙】white ❶ red　❷ sky　❸ canaria
◆其他	茶色畫紙（「Bonjour ！」的部分） 繡線

此作品與「杯墊」（p.56）皆不需要使用外框，而是直接貼在底紙上。建議將它放在透明夾上就可以自然地漂亮黏貼。若要夾入刺繡框（18cm），只要在塗膠處以1cm間隔剪出牙口就能完成美麗的作品。請吊在樹枝上或在牆上並排多個，盡情享受裝飾的樂趣吧！

Bonjour!

以茶色畫紙製作「Bonjour！」的圖案，待作品完成後再以口紅膠貼上。
※切割畫作法參見P.41。

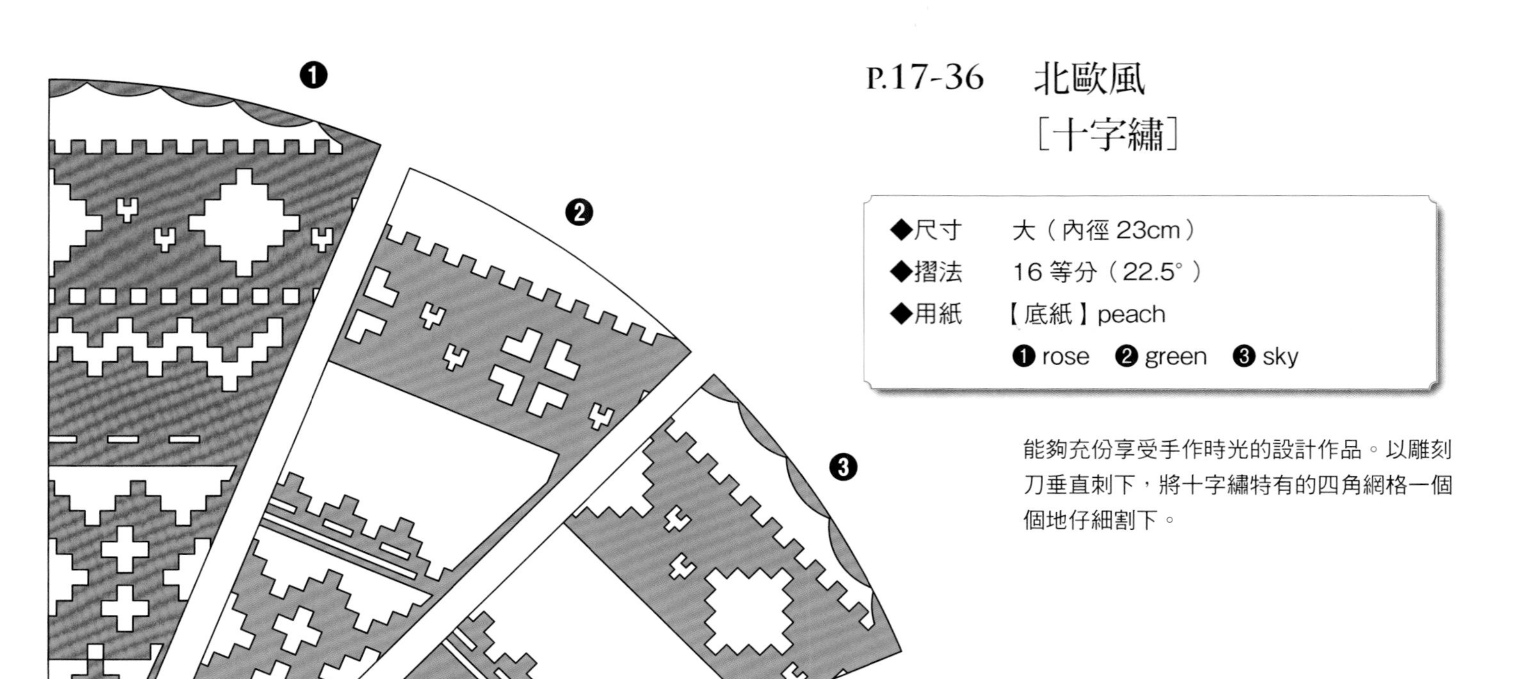

P.17-36 北歐風［十字繡］

◆尺寸　大（內徑 23cm）
◆摺法　16 等分（22.5°）
◆用紙　【底紙】peach
❶ rose　❷ green　❸ sky

能夠充份享受手作時光的設計作品。以雕刻刀垂直刺下，將十字繡特有的四角網格一個個地仔細割下。

P.17-37 提洛爾風［十字繡］

◆尺寸　大（內徑 23cm）
◆摺法　16 等分（22.5°）
◆用紙　【底紙】white
❶ red　❷ peach　❸ sky

若已經十分留意摺法，但完成時圖案仍然跑掉，有可能是在描寫圖案時沒有對合圓形的中心＆兩邊的角度。無論如何都搞不清楚中心時，皆可對齊圖案上的內徑線條，以其為基準。

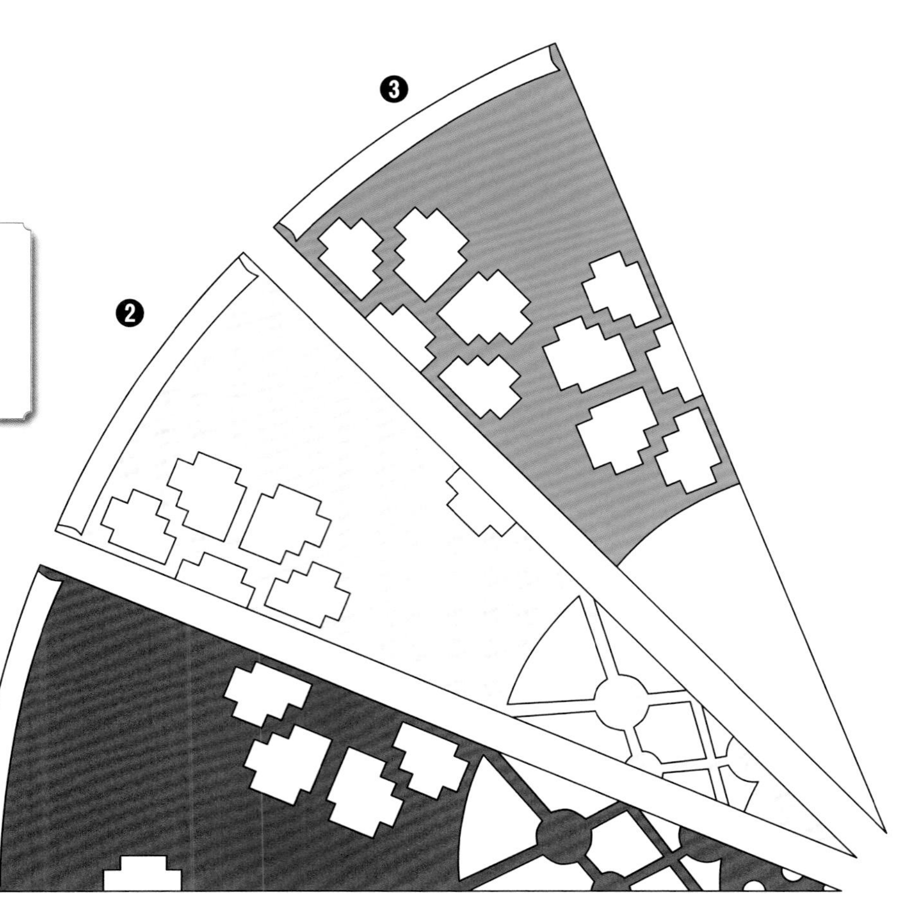

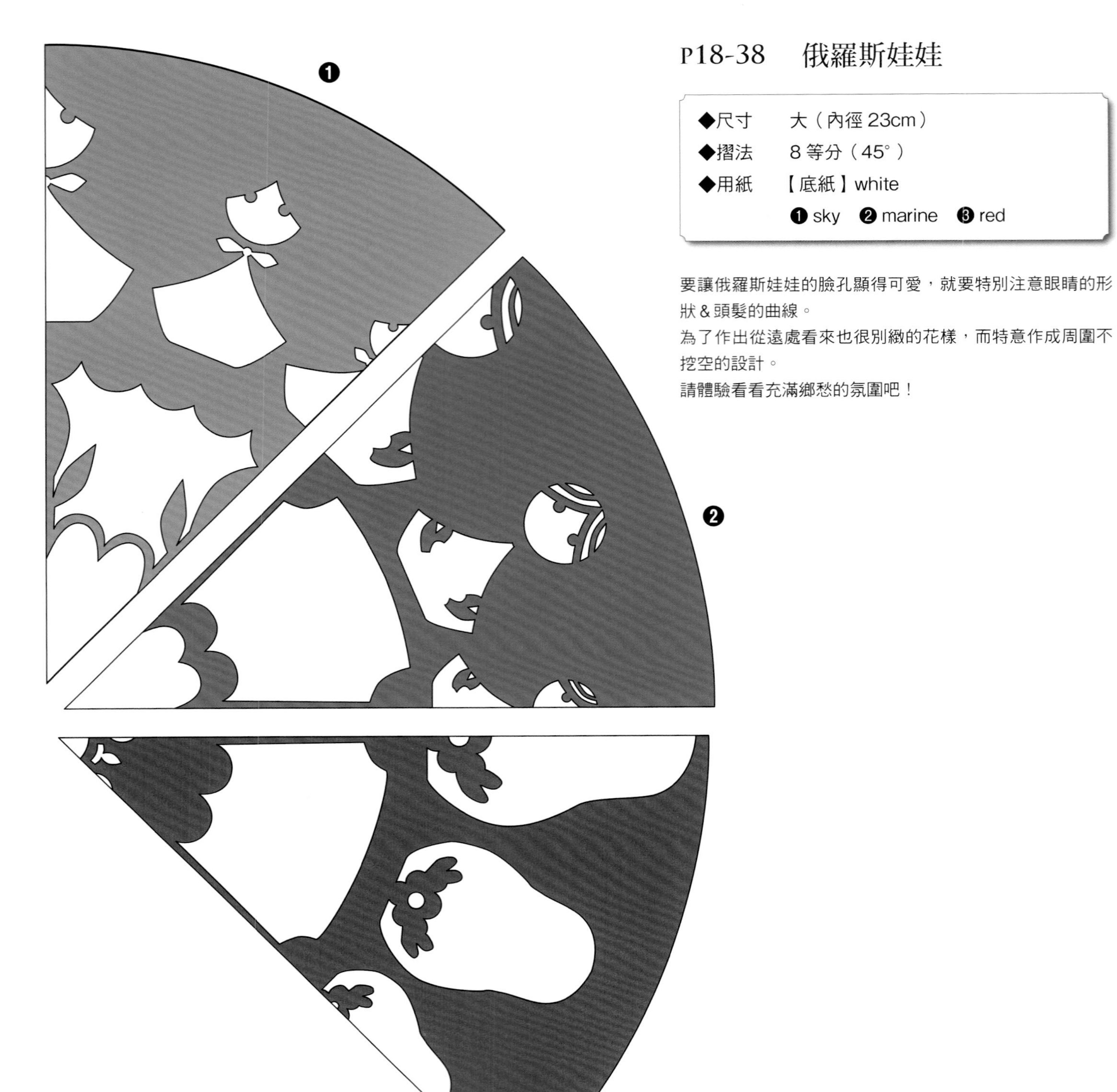

P18-38　俄羅斯娃娃

◆尺寸　大（內徑 23cm）
◆摺法　8 等分（45°）
◆用紙　【底紙】white
❶ sky　❷ marine　❸ red

要讓俄羅斯娃娃的臉孔顯得可愛，就要特別注意眼睛的形狀＆頭髮的曲線。
為了作出從遠處看來也很別緻的花樣，而特意作成周圍不挖空的設計。
請體驗看看充滿鄉愁的氛圍吧！

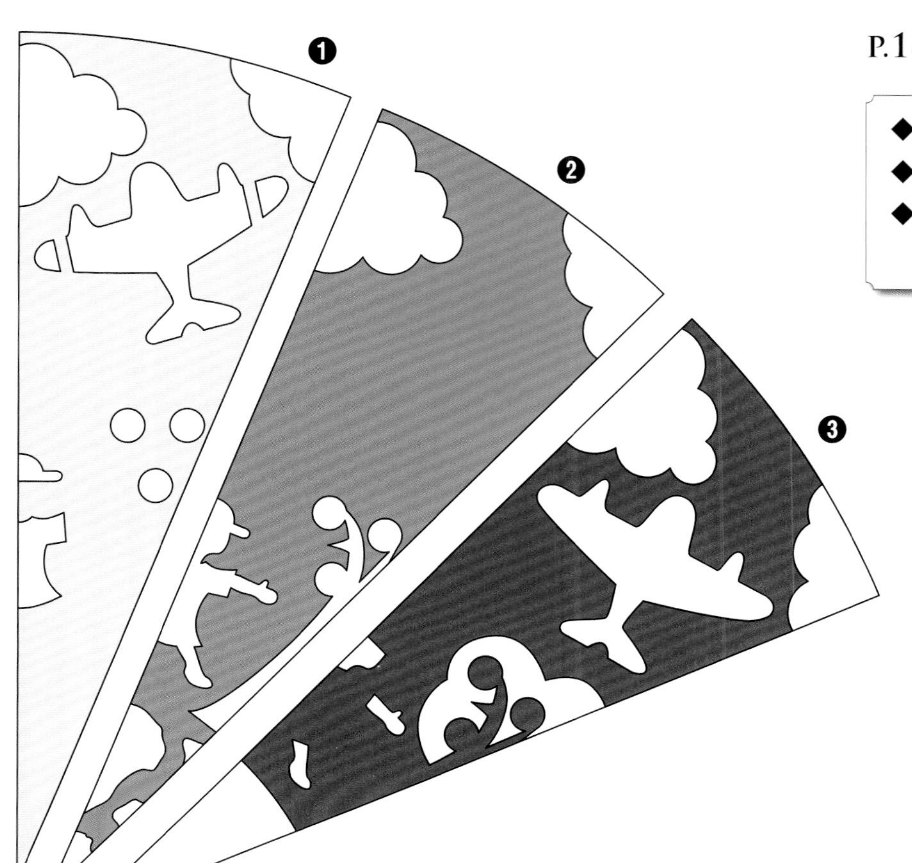

P.18-39　地球

◆尺寸　大（內徑 23cm）
◆摺法　16 等分（22.5°）
◆用紙　【底紙】white
❶ lemon　❷ sky　❸ red

排滿了雲朵、飛機、蘋果樹、人及地球圖案的設計，要確實地強調出直線＆曲線喔！

P.19-40　巴黎鐵塔

◆尺寸　大（內徑 23cm）
◆摺法　16 等分（22.5°）
◆用紙　【底紙】white
❶ lemon　❷ rose　❸ purple

❸使用的紫色用紙有種不可思議的力量，若能得心應手地使用，就能讓世界感更為廣闊。藉此機會，也試著運用在其他作品上吧！

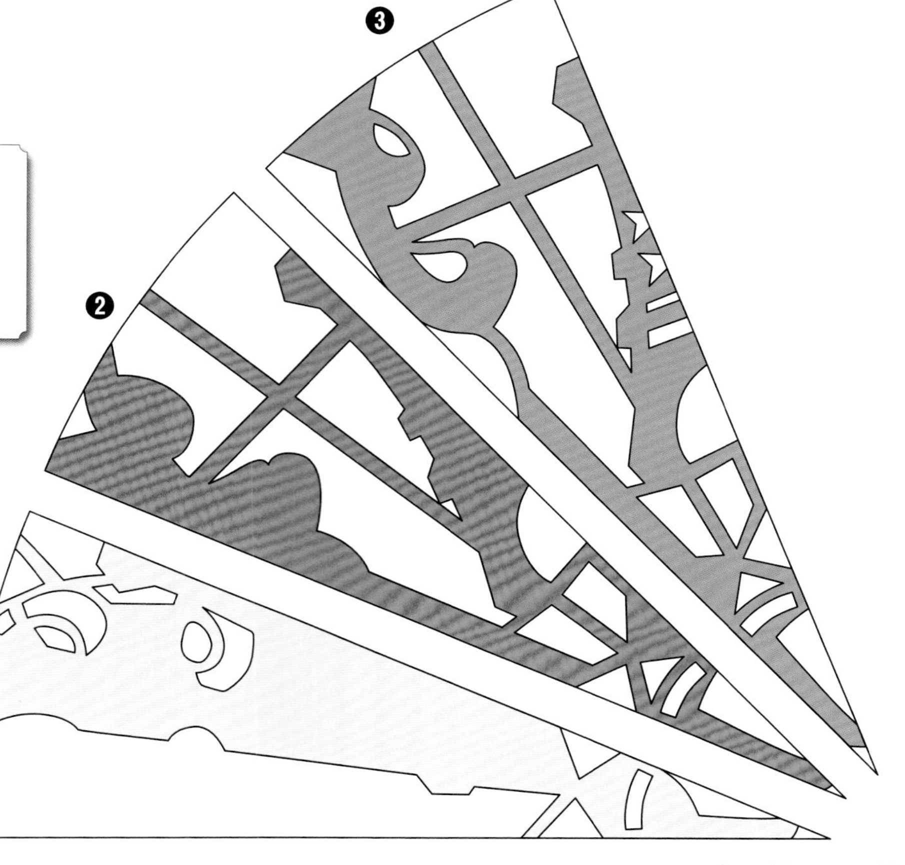

P19-41　天鵝

◆尺寸　大（內徑 23cm）
◆摺法　4 等分（90°）
◆用紙　【底紙】white
❶ aqua　❷ rose　❸ lemon

※4等分摺疊。（參考p.37基本作法的步驟1至12進行摺紙。將圖案複寫在圓形中心朝向自己，在右手側摺成一片狀的紙面上。）
雖然因為厚度較薄而容易切割，但作業時仍要確實按壓住圖紙以免圖案偏移。依左上・中上・右上・圓形中心的順序進行雕刻吧！
完成後，以膠貼合圖紙分開的位置也OK。

❸（P.70「天鵝」）

P.21-43　非洲菊

◆尺寸　大（內徑 23cm）
◆摺法　12 等分（30°）
◆用紙　【底紙】white
❶ lettuce　❷ rose　❸ lemon

※對合角度表，12等分摺疊。
（參見p.42）
❷・❸的小圓花樣，若尺寸符合也可以用打洞器製作。
雖然圖案是可愛的設計，但換成其他顏色也有可能營造出成熟的氛圍。試著變化各種顏色來挑戰吧！

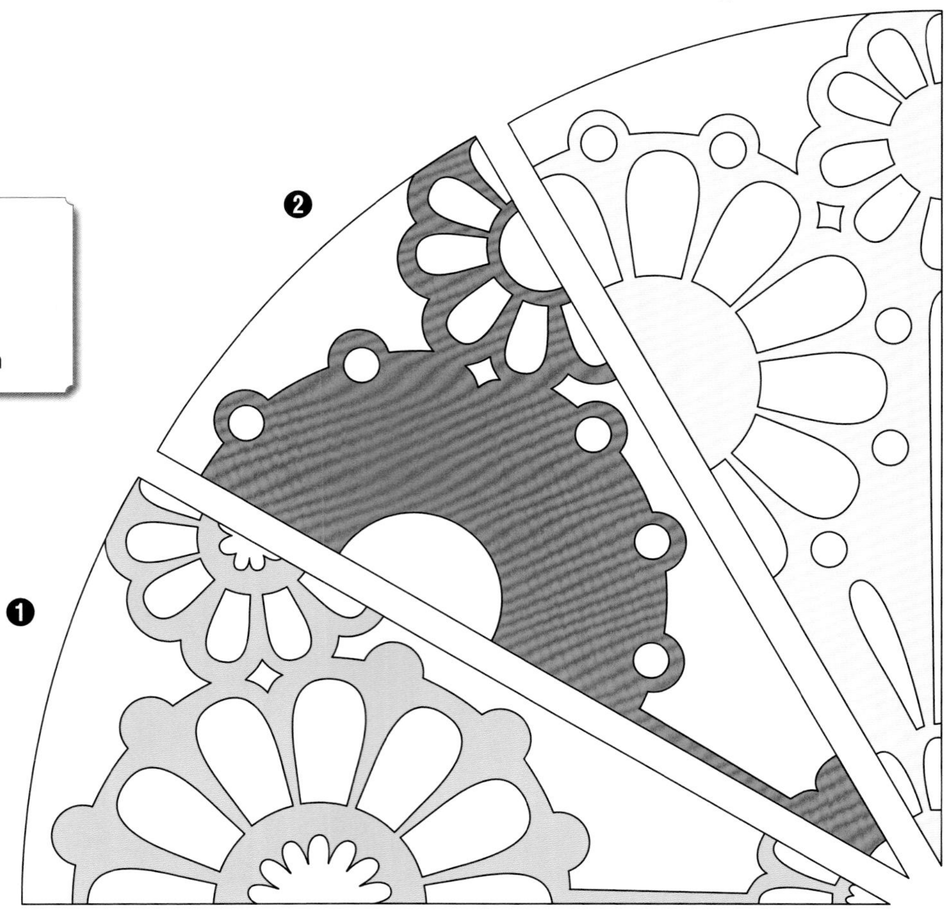

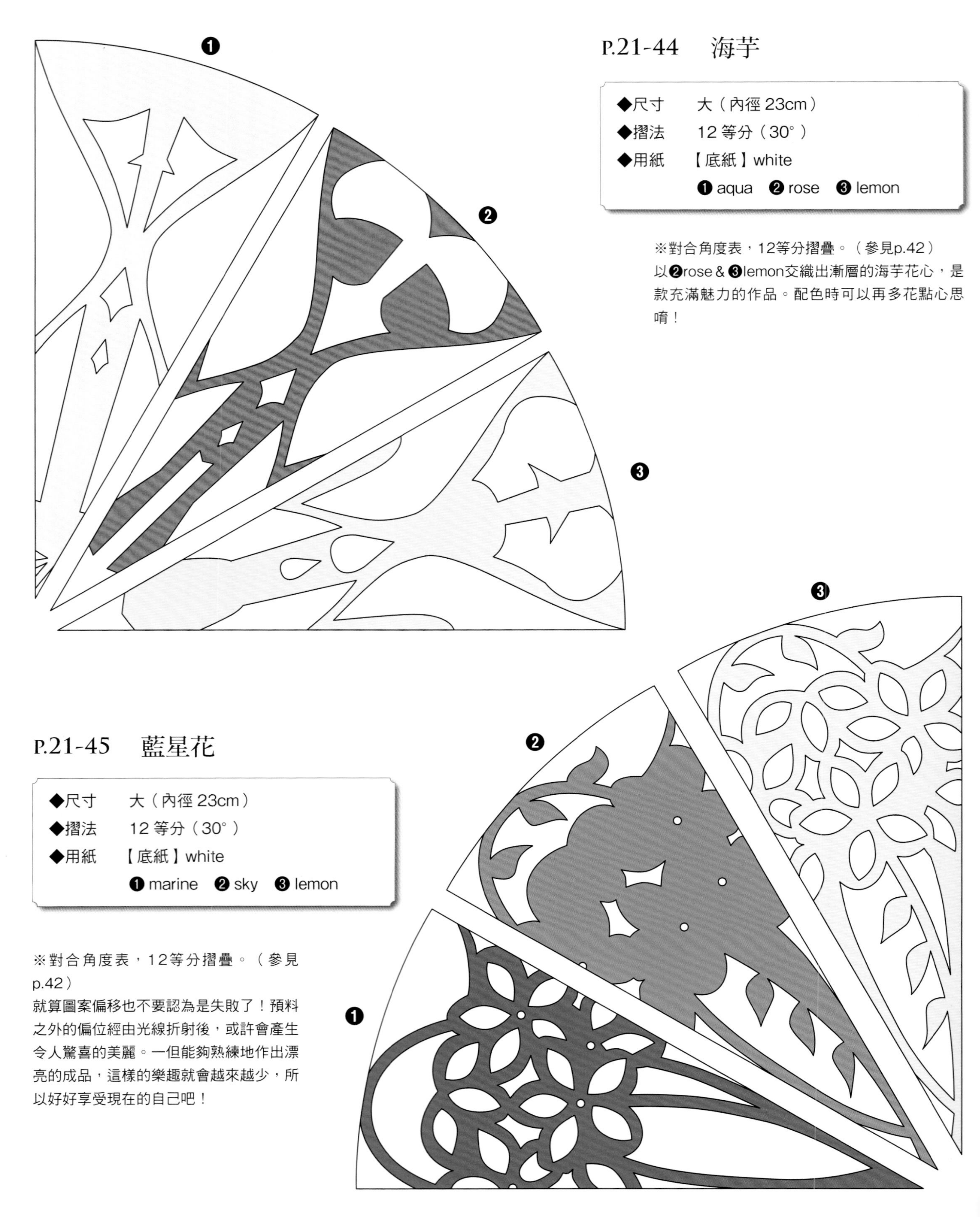

P.21-44　海芋

◆尺寸　大（內徑 23cm）
◆摺法　12 等分（30°）
◆用紙　【底紙】white
❶ aqua　❷ rose　❸ lemon

※對合角度表，12等分摺疊。（參見p.42）
以❷rose＆❸lemon交織出漸層的海芋花心，是款充滿魅力的作品。配色時可以再多花點心思唷！

P.21-45　藍星花

◆尺寸　大（內徑 23cm）
◆摺法　12 等分（30°）
◆用紙　【底紙】white
❶ marine　❷ sky　❸ lemon

※對合角度表，12等分摺疊。（參見p.42）
就算圖案偏移也不要認為是失敗了！預料之外的偏位經由光線折射後，或許會產生令人驚喜的美麗。一但能夠熟練地作出漂亮的成品，這樣的樂趣就會越來越少，所以好好享受現在的自己吧！

P.20-42　12朵玫瑰

◆尺寸　大（內徑 23cm）
◆摺法　12 等分（30°）
◆用紙　【底紙】white
❶ lemon　❷ cherry　❸ sky

※對合角度表，12等分摺疊。（參見p.42）
12朵玫瑰各自象徵著「感謝・誠實・幸福・信賴・希望・愛情・熱情・真實・尊敬・榮光・努力・永遠」，是一款以這些求婚誓言為寓意，取材自中世紀歐洲傳說的設計。

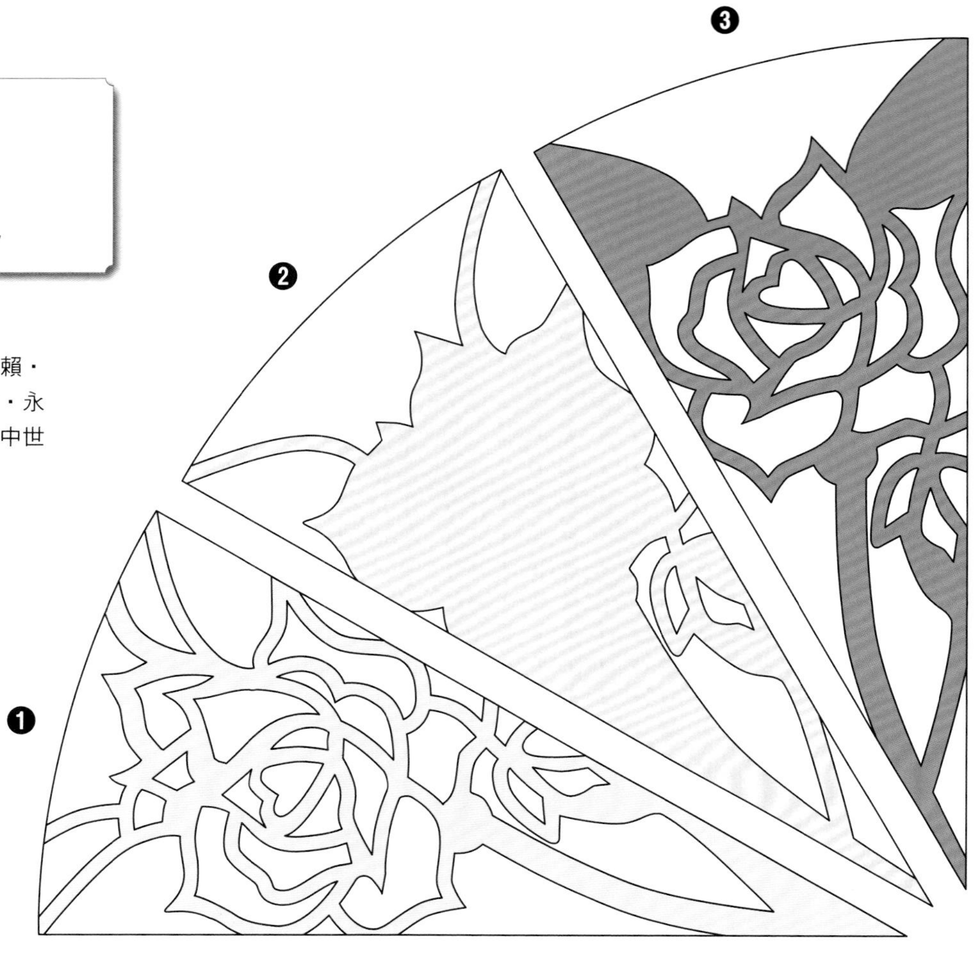

P.22-47　Classic［教堂］

◆尺寸　小（內徑 14.5cm）
◆摺法　8 等分（45°）
◆用紙　【底紙】canaria
❶ sky　❷ red　❸ green

※8等分摺疊。（參考p.37基本作法的步驟1至14進行摺紙。將圖案複寫在圓形中心朝向自己時，在右手側摺成一片狀的紙面上。）
仔細地確認❸green右上的圖案哪些該保留或割除，再開始作業吧！

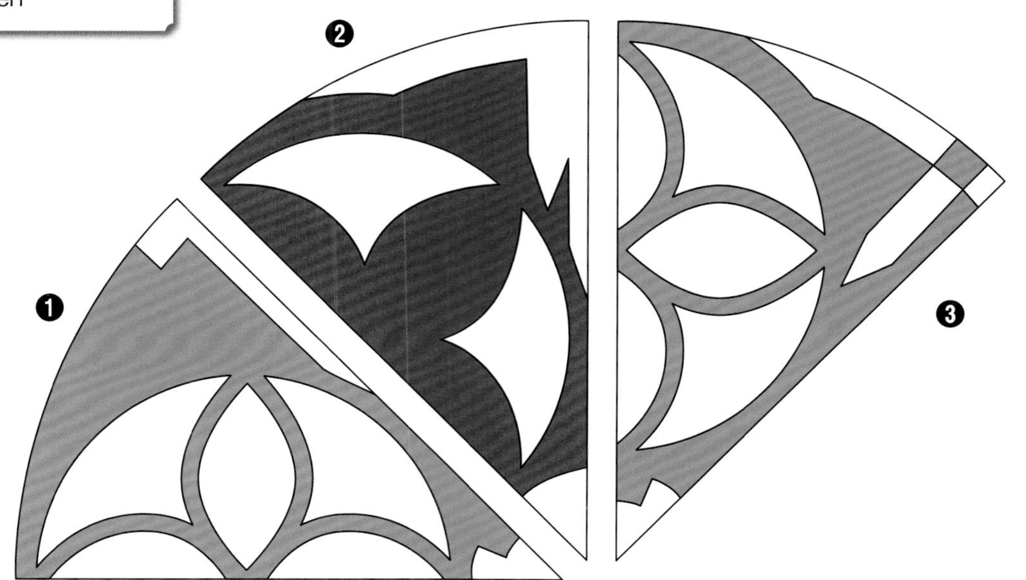

P.22-48 Eternity［教堂］

◆尺寸　極小（內徑 11cm）
◆摺法　8 等分（45° ）
◆用紙　【底紙】canaria
❶ sky　❷ red　❸ green

※8等分摺疊。（參考基本作法p.37的步驟1至14）
以教堂的鑲嵌玻璃為主題的三件作品。挑選喜歡的設計排放於直立長窗上也不錯呢！

P.22-46 Nature［教堂］

◆尺寸　大（內徑 23cm）
◆摺法　8 等分（45° ）
◆用紙　【底紙】canaria
❶ sky　❷ red　❸ green

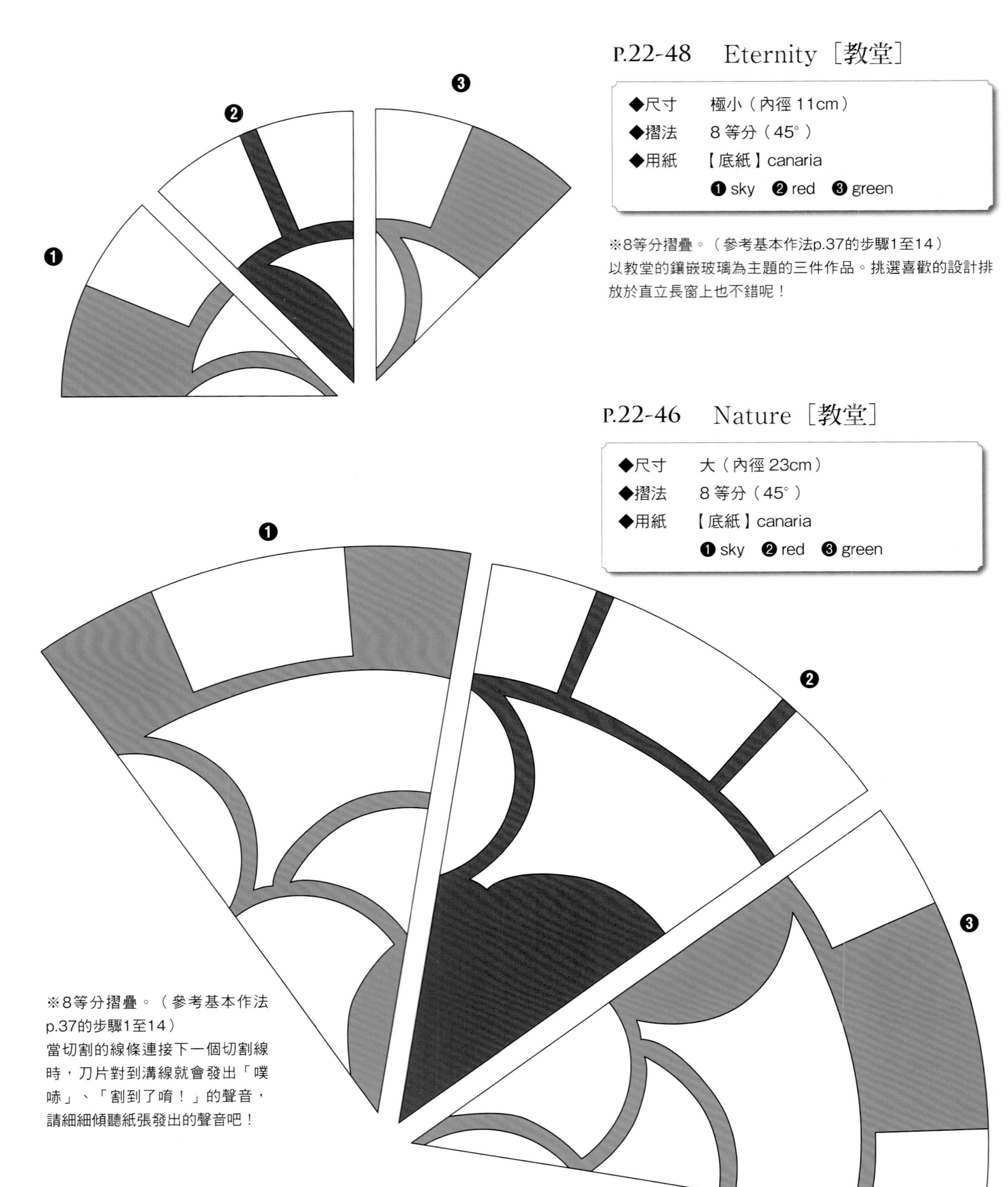

※8等分摺疊。（參考基本作法p.37的步驟1至14）
當切割的線條連接下一個切割線時，刀片對到溝線就會發出「噗哧」、「割到了唷！」的聲音，請細細傾聽紙張發出的聲音吧！

P.23-49　玫瑰十字架

◆尺寸　大（內徑23cm）
◆摺法　8等分（45°）
◆用紙　【底紙】white
❶ red　❷ lemon
❸ lettuce　❹ green

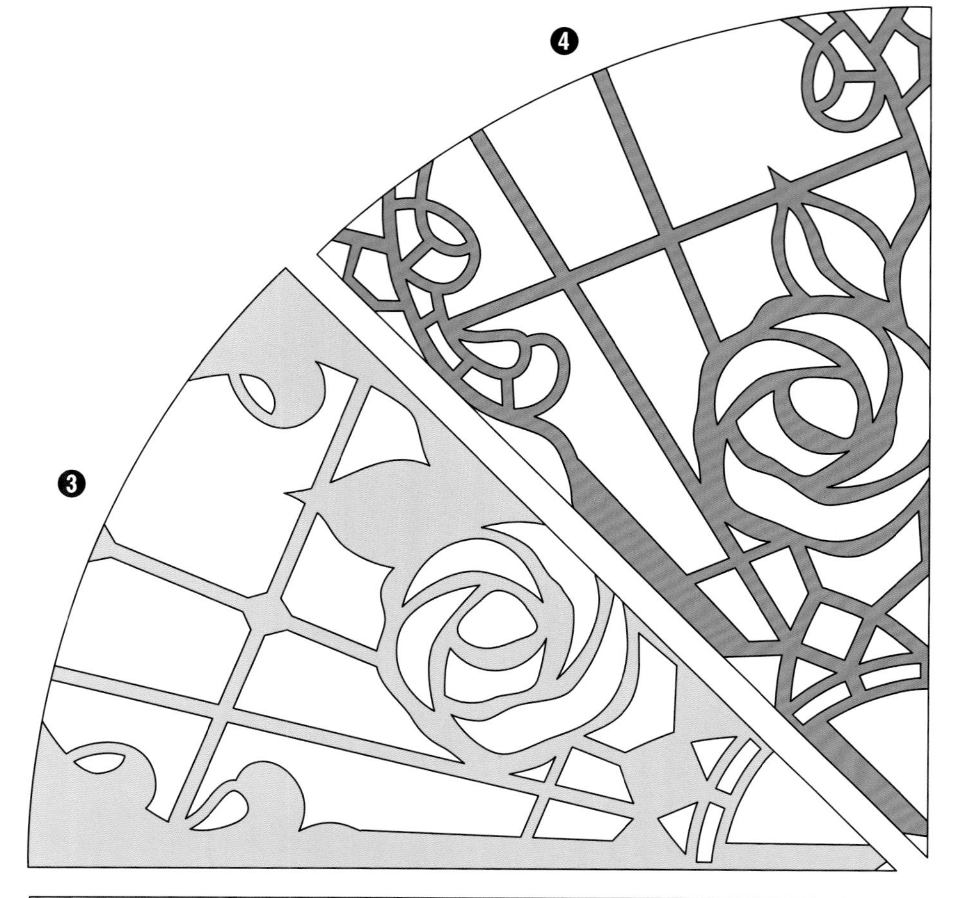

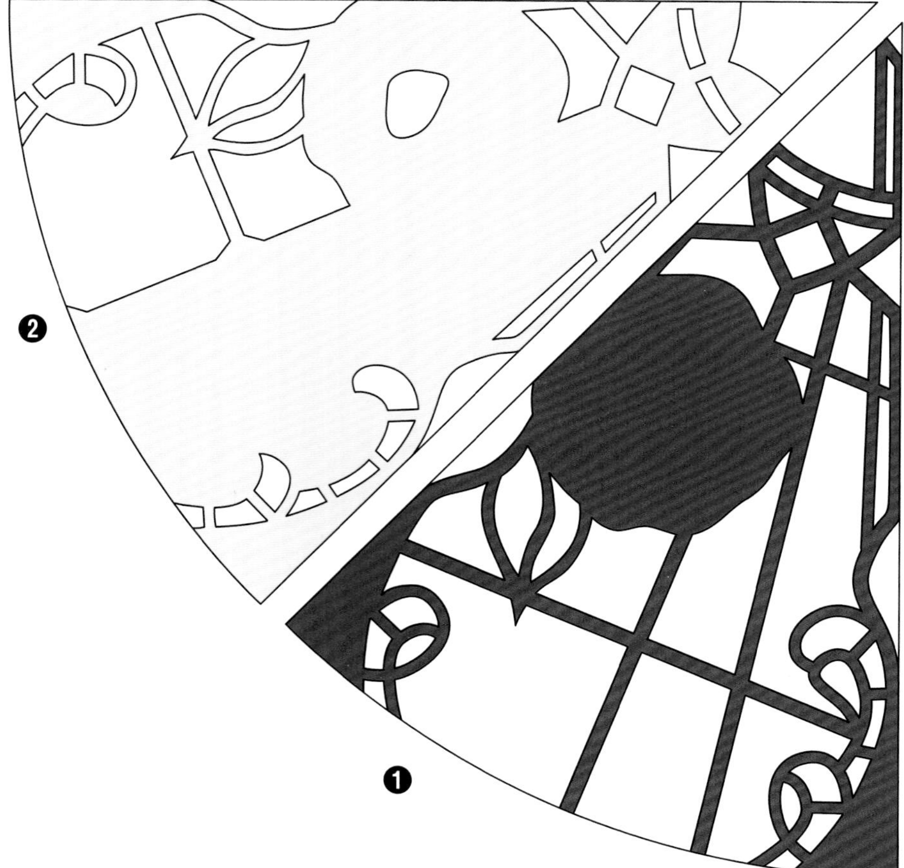

※8等分摺疊。（參考p.37基本作法的步驟1至14進行摺紙。將圖案複寫在圓形中心朝向自己時，在右手側摺成一片狀的紙面上。）
將左右寬度28cm以上的畫框的裡板拆下，再以圓形切割器割下厚紙板＆加上留言作成歡迎板。依喜好在正面加上花朵等裝飾，讓婚禮變得更熱鬧吧！

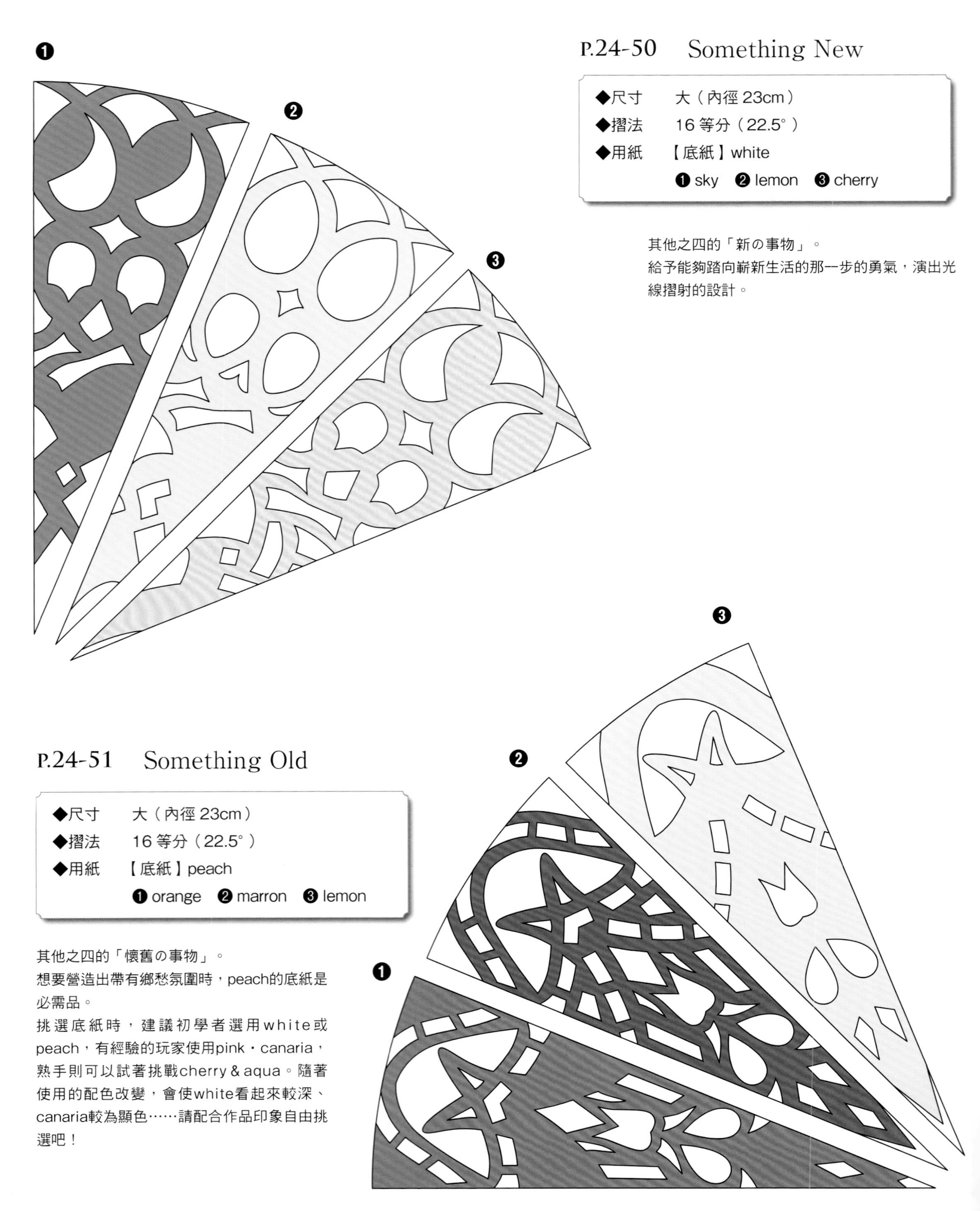

P.24-50 Something New

◆尺寸　大（內徑 23cm）
◆摺法　16 等分（22.5°）
◆用紙　【底紙】white
　　　❶ sky　❷ lemon　❸ cherry

其他之四的「新の事物」。
給予能夠踏向嶄新生活的那一步的勇氣，演出光線摺射的設計。

P.24-51 Something Old

◆尺寸　大（內徑 23cm）
◆摺法　16 等分（22.5°）
◆用紙　【底紙】peach
　　　❶ orange　❷ marron　❸ lemon

其他之四的「懷舊の事物」。
想要營造出帶有鄉愁氛圍時，peach的底紙是必需品。
挑選底紙時，建議初學者選用white或peach，有經驗的玩家使用pink・canaria，熟手則可以試著挑戰cherry & aqua。隨著使用的配色改變，會使white看起來較深、canaria較為顯色……請配合作品印象自由挑選吧！

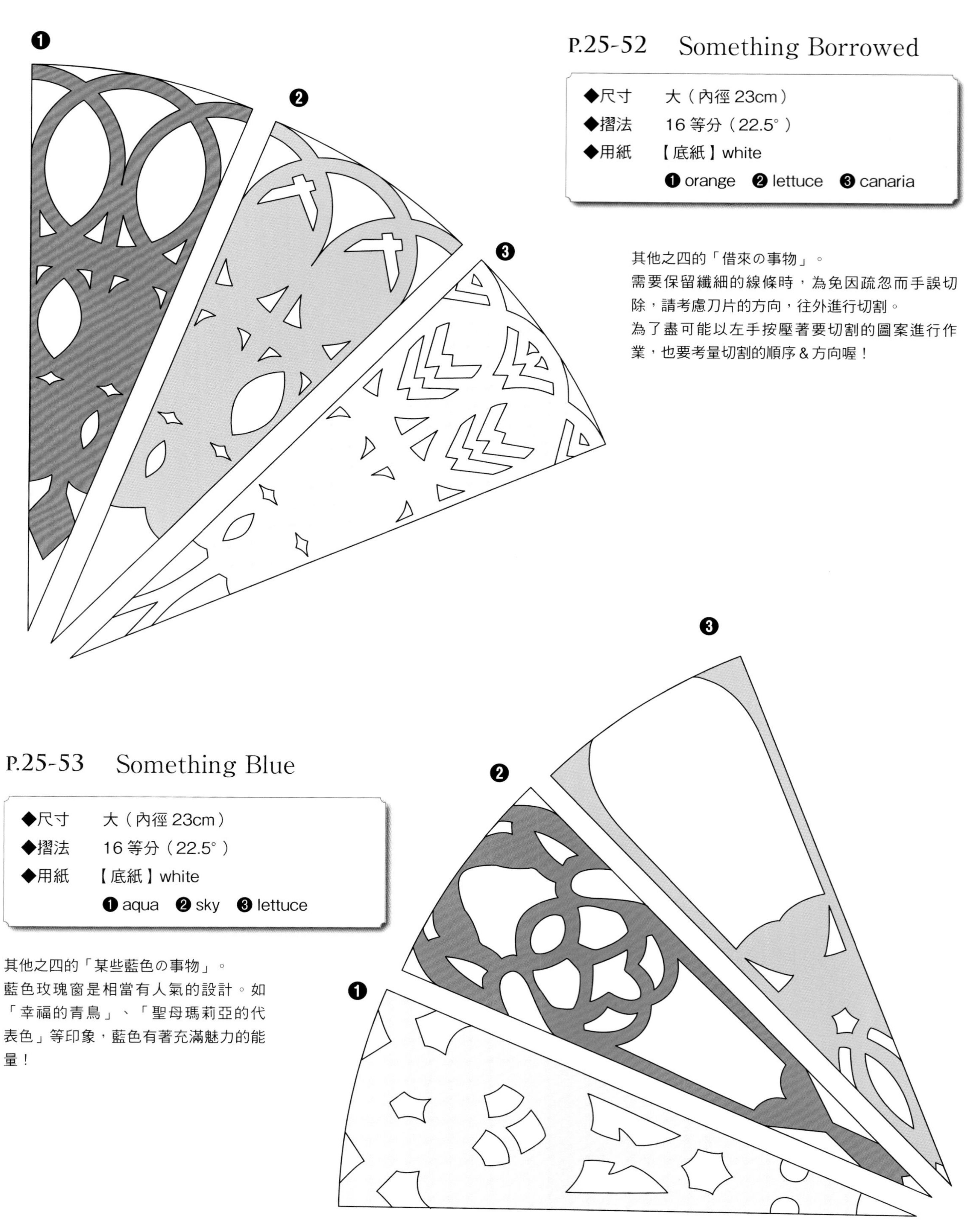

P.25-52　Something Borrowed

◆尺寸　大（內徑 23cm）
◆摺法　16 等分（22.5°）
◆用紙　【底紙】white
❶ orange　❷ lettuce　❸ canaria

其他之四的「借來の事物」。
需要保留纖細的線條時，為免因疏忽而手誤切除，請考慮刀片的方向，往外進行切割。
為了盡可能以左手按壓著要切割的圖案進行作業，也要考量切割的順序＆方向喔！

P.25-53　Something Blue

◆尺寸　大（內徑 23cm）
◆摺法　16 等分（22.5°）
◆用紙　【底紙】white
❶ aqua　❷ sky　❸ lettuce

其他之四的「某些藍色の事物」。
藍色玫瑰窗是相當有人氣的設計。如「幸福的青鳥」、「聖母瑪莉亞的代表色」等印象，藍色有著充滿魅力的能量！

❶ green 或 orange

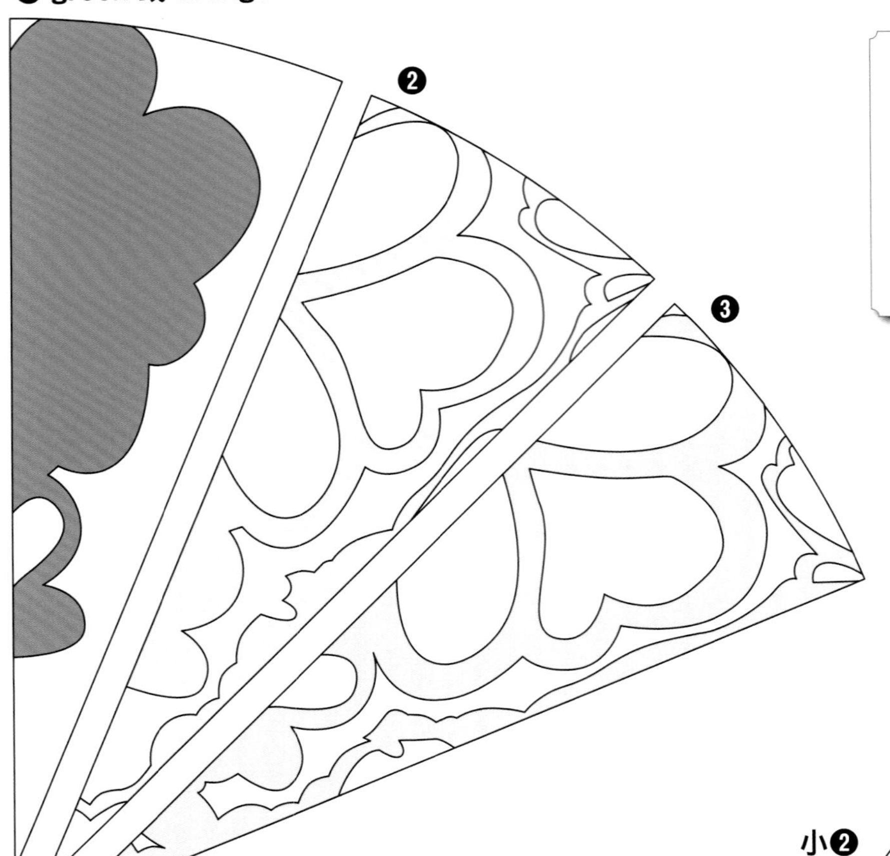

P.26-54　幸運草

◆尺寸　大（內徑 23cm）
◆摺法　16 等分（22.5°）
◆用紙　【底紙】white
❶ green　❷ canaria　❸ white
※製作異色款作品時，❶的用紙改為 orange。

取一色為主色＆加入白色的漸變設計，完成可愛的作品。
由於圖案右側為連續的細緻線條，在描寫圖案時建議盡可能對齊右邊來描寫。

P.26-55　白詰草

◆尺寸　中（內徑18cm）・小（內徑14.5cm）
◆摺法　16 等分（22.5°）
◆用紙　【底紙（共同）】white
中…❶ lettuce　❷ cherry
小…❶ lettuce　❷ lemon

此作品可以不用雕刻刀，僅以剪刀即可完成製作。以剪刀製作時，剪刀請從切割線（- - -）處剪開。
此作品可自由將圖案放大・縮小，作成（中）、（小）、（極小）等各種尺寸。

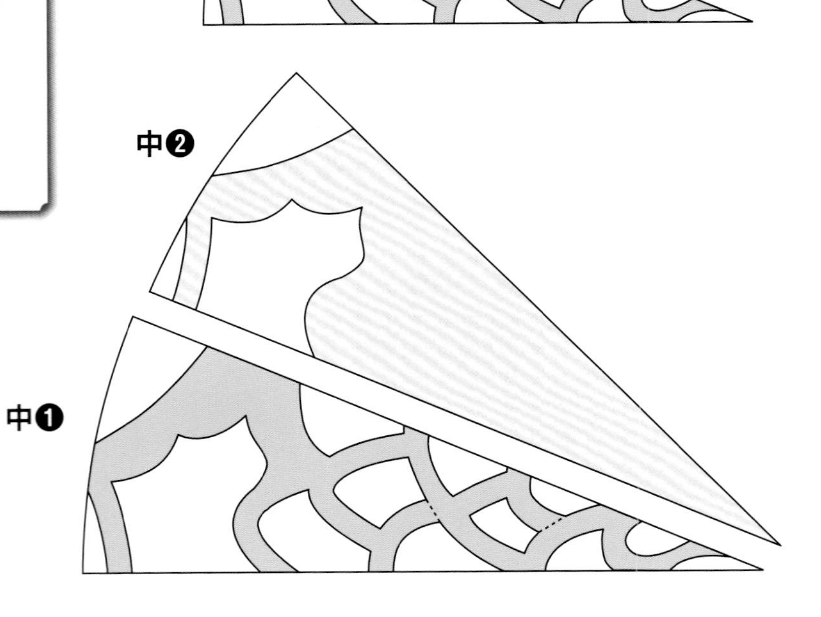

P.27-56　兔子舞［復活節］

◆尺寸　大（內徑 23cm）

◆摺法　16 等分（22.5°）

◆用紙　【底紙】white

❶ rose　❷ lemon　❸ aqua

兔子圖案的嘴巴處請特別慎重地切割。此圖案以剪刀剪裁時，建議細分成臉．耳朵．身體來剪裁就不容易偏移。

為了讓圖案漂亮地浮現出來，摺法技巧也很重要喔！請不要對合內徑的線條，而是以將中心對半摺的感覺，盡量像是不離開桌子一般，拿著距離摺紙部分近一點的地方一點點地來摺。

P.30-61　蜘蛛窩［萬聖節］

◆尺寸　大（內徑 23cm）

◆摺法　16 等分（22.5°）

◆用紙　【底紙】white

❶ green　❷ lemon

❸ carcoal

燈籠．星星．蝙蝠．蜘蛛窩的圖案設計。

使用charcoal等不易顯出圖案的深色紙時，建議將圖案影印下來，擺放在透光的窗戶上進行作業。

黏合分離的圖紙時請小心作業。（參見p.61「磁磚」．p.62「Leaf」）

P.27-57 鯉魚旗［兒童節］

◆尺寸　大（內徑 23cm）
◆摺法　16 等分（22.5°）
◆用紙　【底紙】canaria
紅…❶ lemon ❷ red ❸ rose
綠…❶ lemon ❷ sky ❸ lettuce

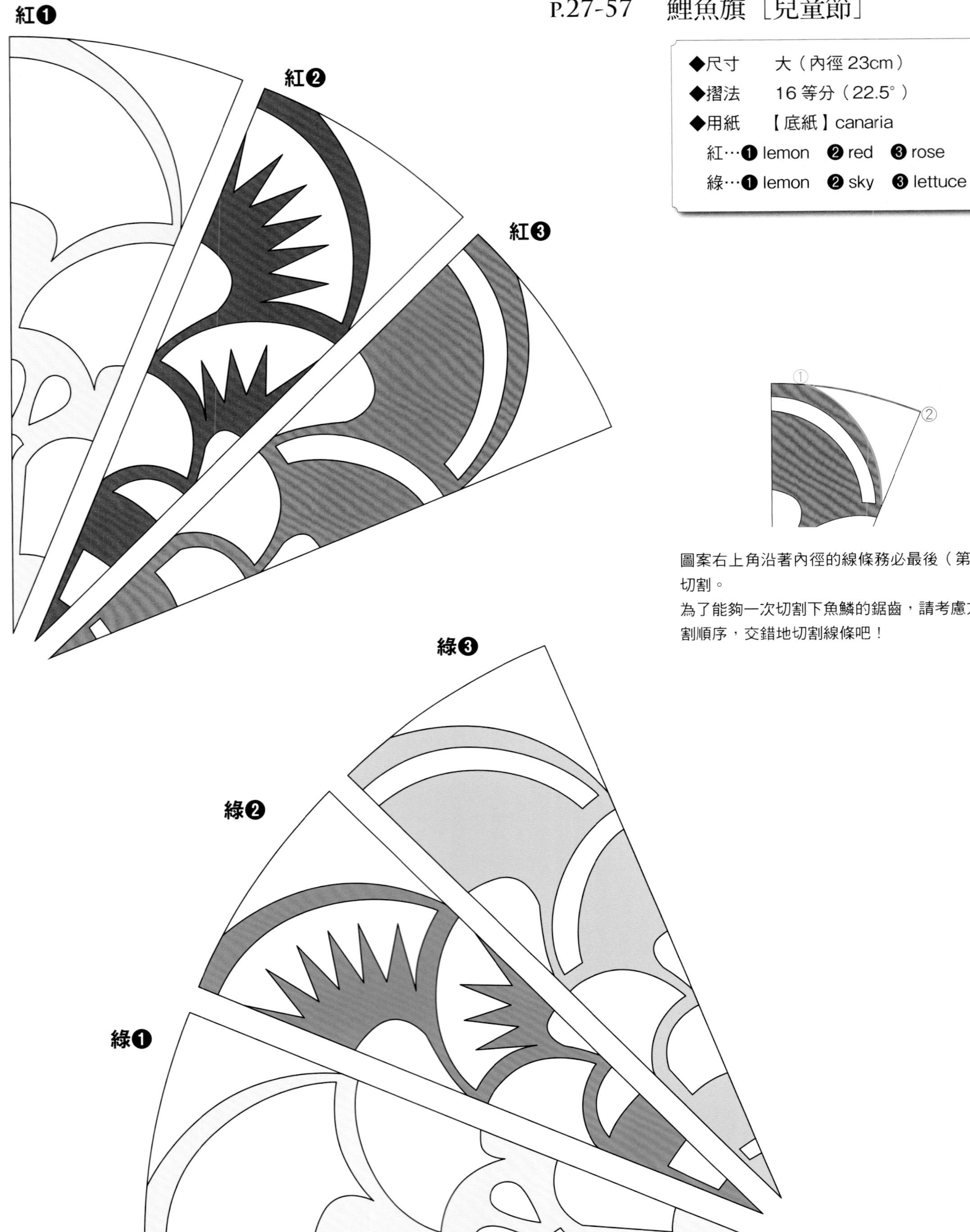

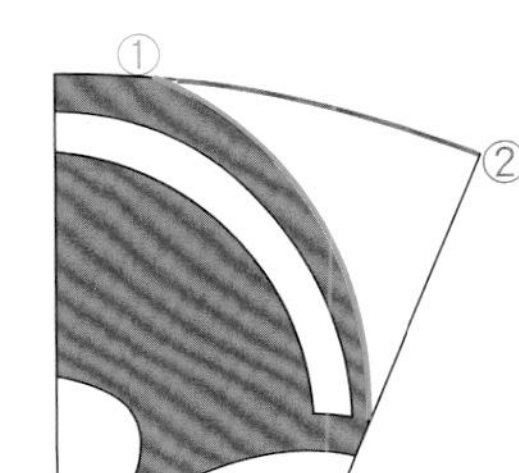

圖案右上角沿著內徑的線條務必最後（第2畫）切割。
為了能夠一次切割下魚鱗的鋸齒，請考慮方向切割順序，交錯地切割線條吧！

P.28-58　金魚

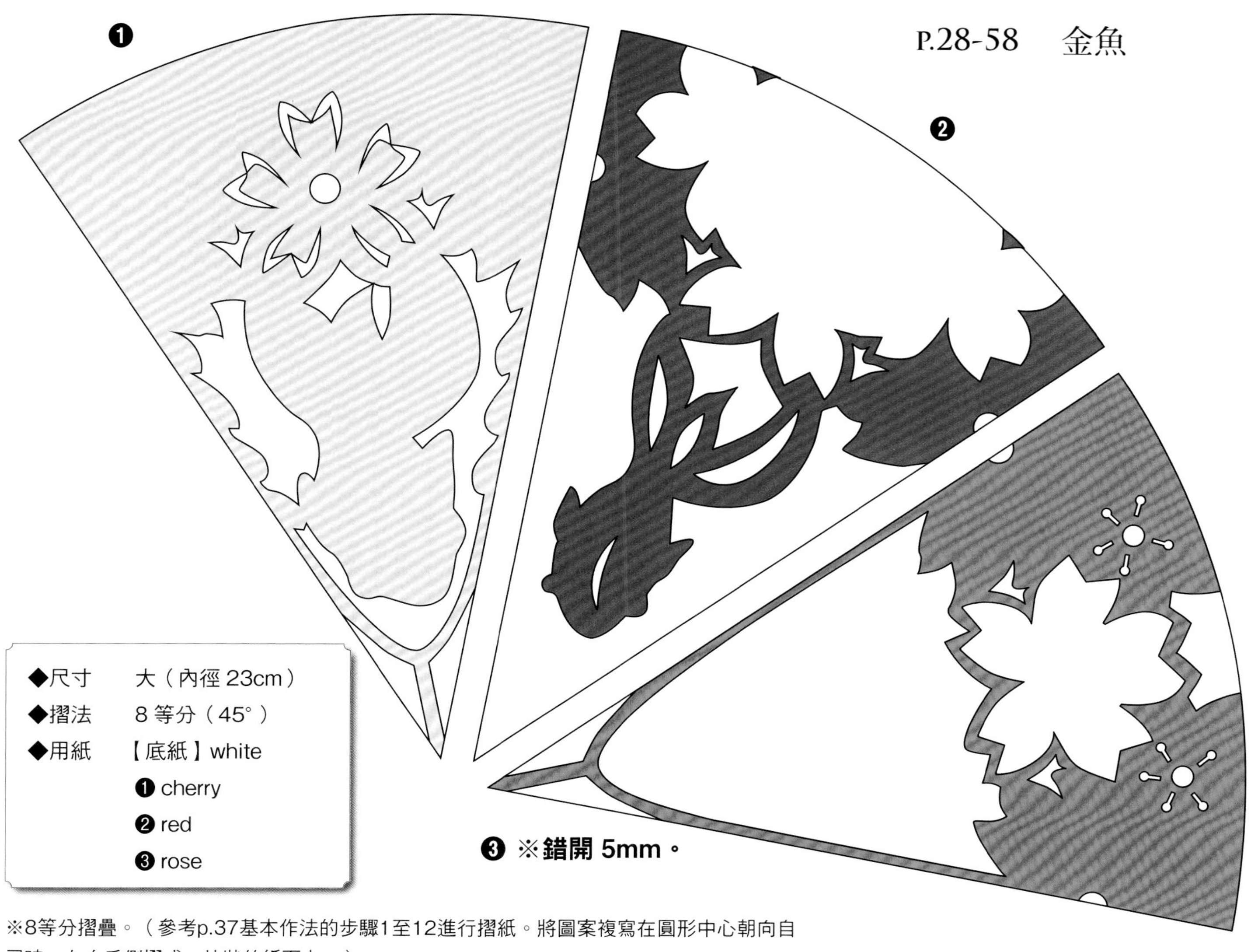

◆尺寸　大（內徑 23cm）
◆摺法　8 等分（45°）
◆用紙　【底紙】white
❶ cherry
❷ red
❸ rose

※8等分摺疊。（參考p.37基本作法的步驟1至12進行摺紙。將圖案複寫在圓形中心朝向自己時，在右手側摺成一片狀的紙面上。）
以夏季廟會的「撈金魚」為主題，搭配上「彈珠」的作品。
為了表現出櫻花的立體感，只將❸rose往左邊錯開5mm貼合（參見P.41）。依喜好來搭配花樣也OK喔！

P.28-59　彈珠

◆尺寸　小（內徑 14.5cm）
◆摺法　12 等分（30°）
◆用紙　【底紙】white
❶ lemon　❷ sky　❸ aqua

※對合角度表，12等分摺疊。（參見p.42）
將❸aqua的葉脈花樣一次切割下來吧！沿著中心朝上的直線割劃後，以交叉的劃法切割全部的弧線。
切割時請留意不要將❷sky中心＆圓形的圖案與右側連在一起割除喔！

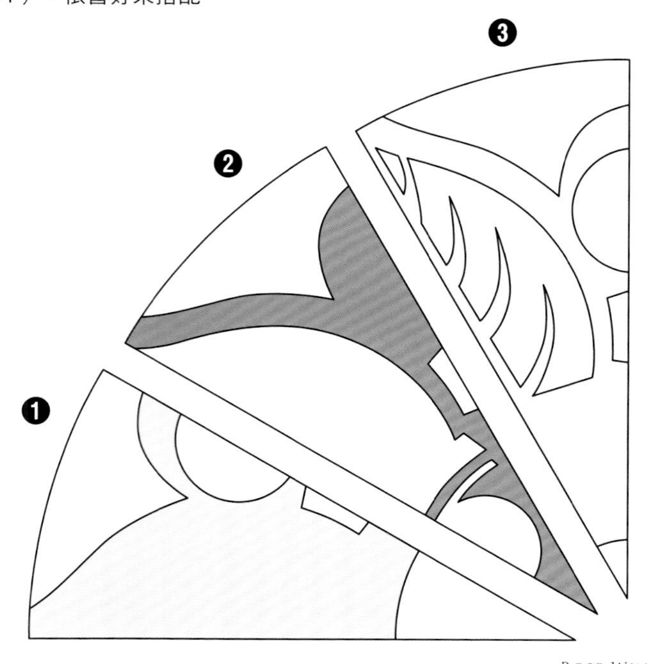

P.29-60 楓紅

◆尺寸　大（內徑 23cm）
◆摺法　8 等分（45°）
◆用紙　【底紙（共同）】white
❶ red　❷ orange　❸ lemon
※製作顏色不同的作品時，將❶用green，
❷用lettuce製作。

※8等分摺疊。（參考p.37基本作法的步驟1至12進行摺紙。將圖案複寫在圓形中心朝向自己時，在右手側摺成一片狀的紙面上。）
貼合時，請小心地以黏膠黏合分離的圖紙處。
（參見p.61「磁磚」・p.62「Leaf」）

P.31-63　聖誕樹［聖誕節］

◆尺寸　大（內徑 23cm）
◆摺法　8 等分（45°）
◆用紙　【底紙】white
❶ sky　❷ rose
❸ lemon　❹ green

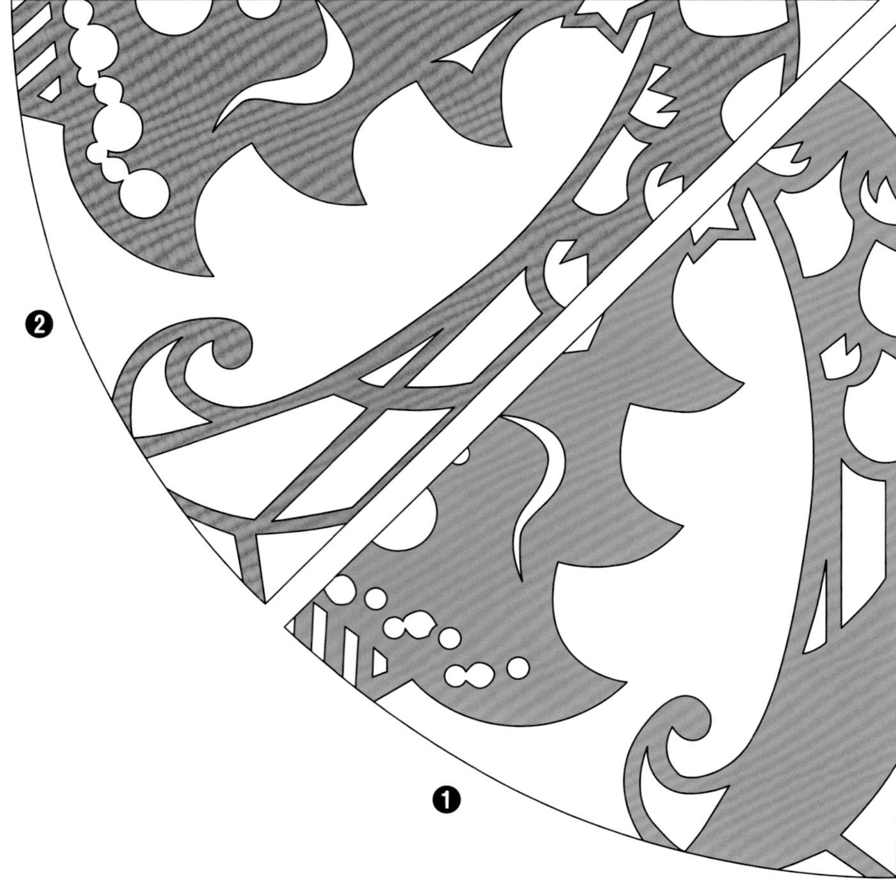

※8等分摺疊。（參考p.37基本作法的步驟1至12進行摺紙。將圖案複寫在圓形中心朝向自己時，在右手側摺成一片狀的紙面上。）
雖然不像其他玫瑰窗一樣透光，卻是僅只作成剪紙畫就能充分顯色的美麗作品。
或在昏暗處點起一盞燈，也能體會光影畫般的氛圍。

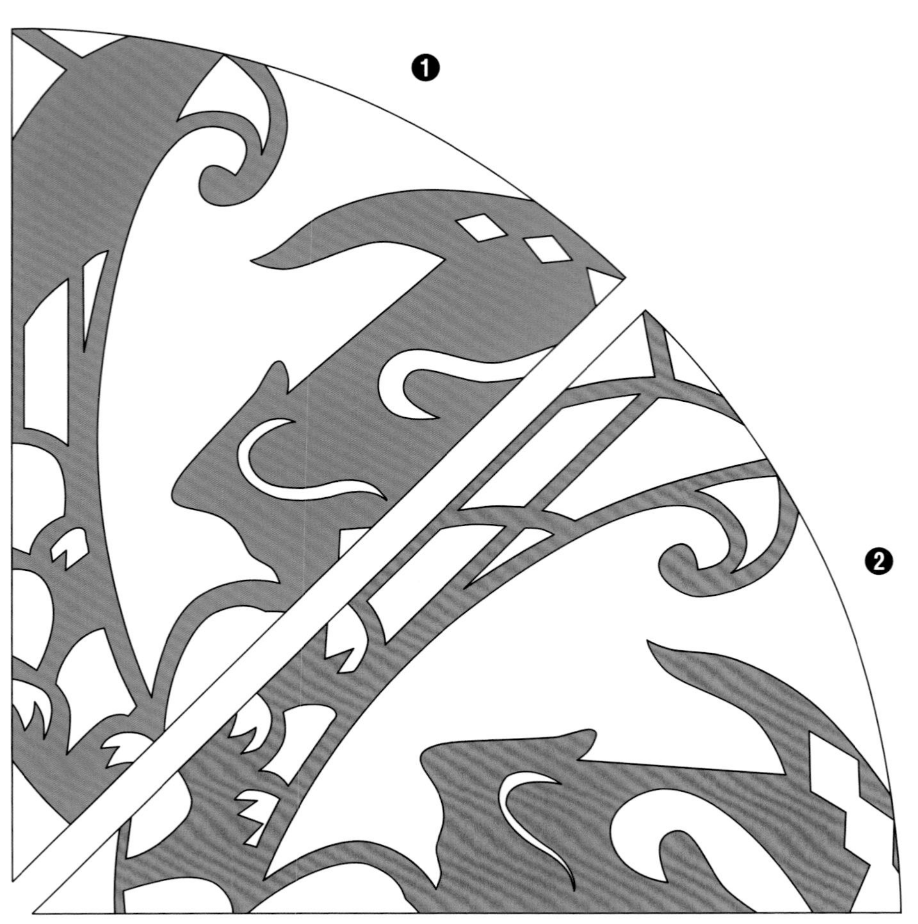

P.31-64 蠟燭［聖誕節］

◆尺寸 大（內徑 23cm）
◆摺法 8 等分（45°）
◆用紙 【底紙】white
❶ sky ❷ rose
❸ lemon ❹ red

※8等分摺疊。（參考p.37基本作法的步驟1至12進行摺紙。將圖案複寫在圓形中心朝向自己時，在右手側摺成一片狀的紙面上。）
花朵的變化與葉片圖案一樣，是本書中經常出現的設計。試著一次就割下圖形＆記住技巧吧！

P.32-65 麋鹿

◆尺寸　大（內徑 23cm）
◆摺法　16 等分（22.5°）※不規則
◆用紙　【底紙】pink
❶ red　❷ marine　❸ aqua

※從基本作法作起，在中途開始會變成8等分或16等分，請詳細閱讀作法P.41再開始製作。
以「降雪之日」為印象主題而製作的作品。
樹＆結晶都只要先將直線條割除後，再切割其他線條就會變得簡單。
麋鹿的圖案請特別漂亮地割下喔！右側的雪花圖樣以合適大小的打洞器來取型也OK。

❶
16 等分摺線
❷
16等分摺線
這條線內側的圖案，需將用紙攤開成8等分後再切割。

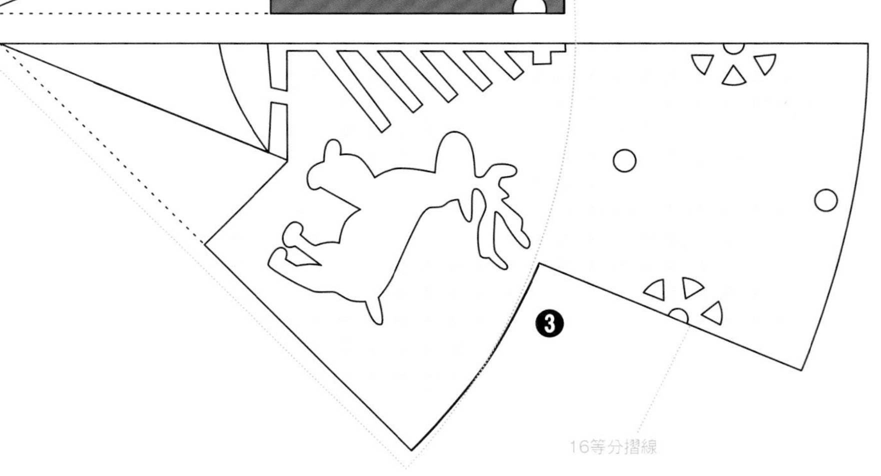

P.30-62 蜘蛛網［萬聖節］

◆尺寸　極小（內徑 11cm）
◆摺法　16 等分（22.5°）
◆用紙　【底紙】white
❶ green
❷ lemon
❸ carcoal

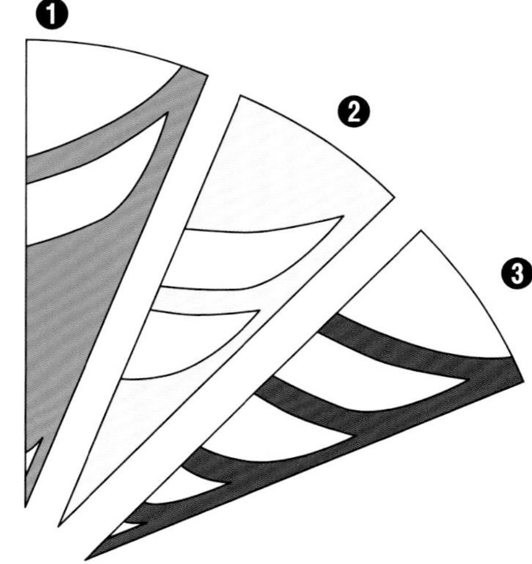

此設計不用雕刻刀，僅以剪刀就可以簡單地完成。請務必試著作作看不同尺寸＆顏色的組合喔！（參見p.52「party set」）

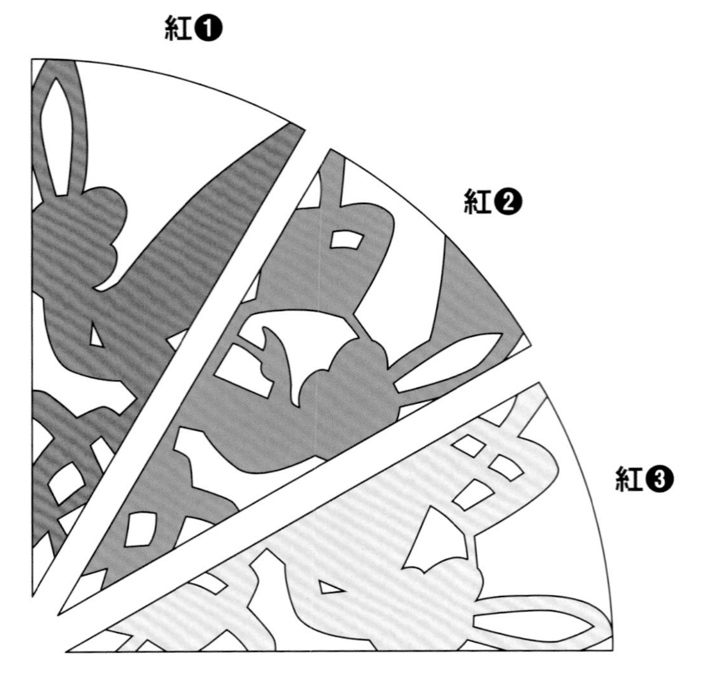

P.32-66 結晶

◆尺寸（共同） 小（內徑 14.5cm）
◆摺法（共同） 12 等分（30°）
◆用紙 【底紙（共同）】pink
紅……❶ rose ❷ purple ❸ cherry
黃……❶ purple ❷ lemon ❸ canaria

※對合角度表，12等分摺疊。（參見p.42）
挑選喜歡的顏色作出大量的結晶花樣，營造出專屬於你的「幻想の銀色世界」吧！

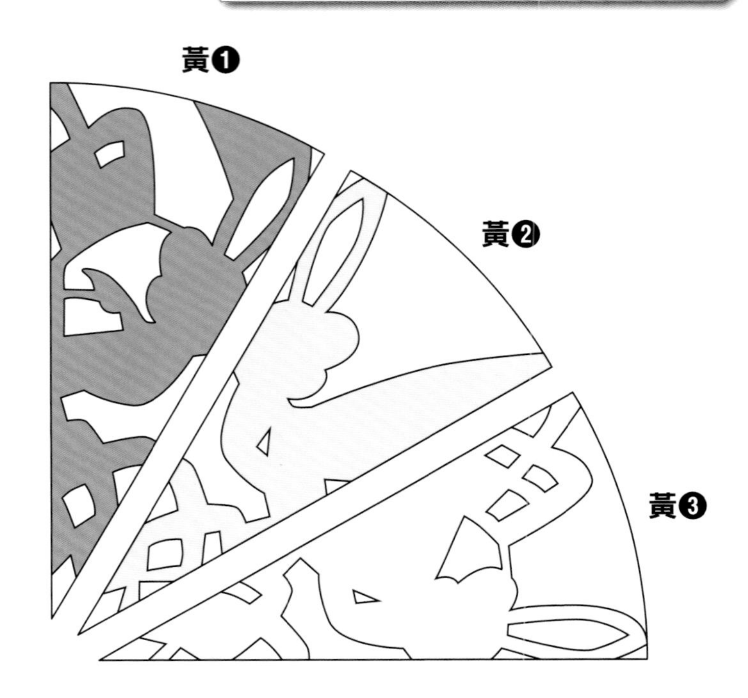

P.34-67,68 花瓶

材料
玫瑰窗用紙的剩紙・底紙用紙（white）・空瓶・杯子

工具
剪刀・打洞器・口紅膠・自動鉛筆・木工用亮光漆・筆

作法
❶在白色底紙上以黏膠貼上喜歡顏色的剩紙，當光線透過顏色重疊處時就能享受擁有多種色彩的樂趣。
❷對合至想要切割形狀的大小，再摺成波浪狀。
❸將摺成波浪狀的紙張直接以圓型或花形打洞器打洞，或畫上喜歡的花樣後剪下。
❹將剪下的圖案貼在空瓶＆玻璃杯等處，再以筆塗上木工用亮光漆。
❺等待乾燥後就完成了！

P.34-69,70,71　透光畫

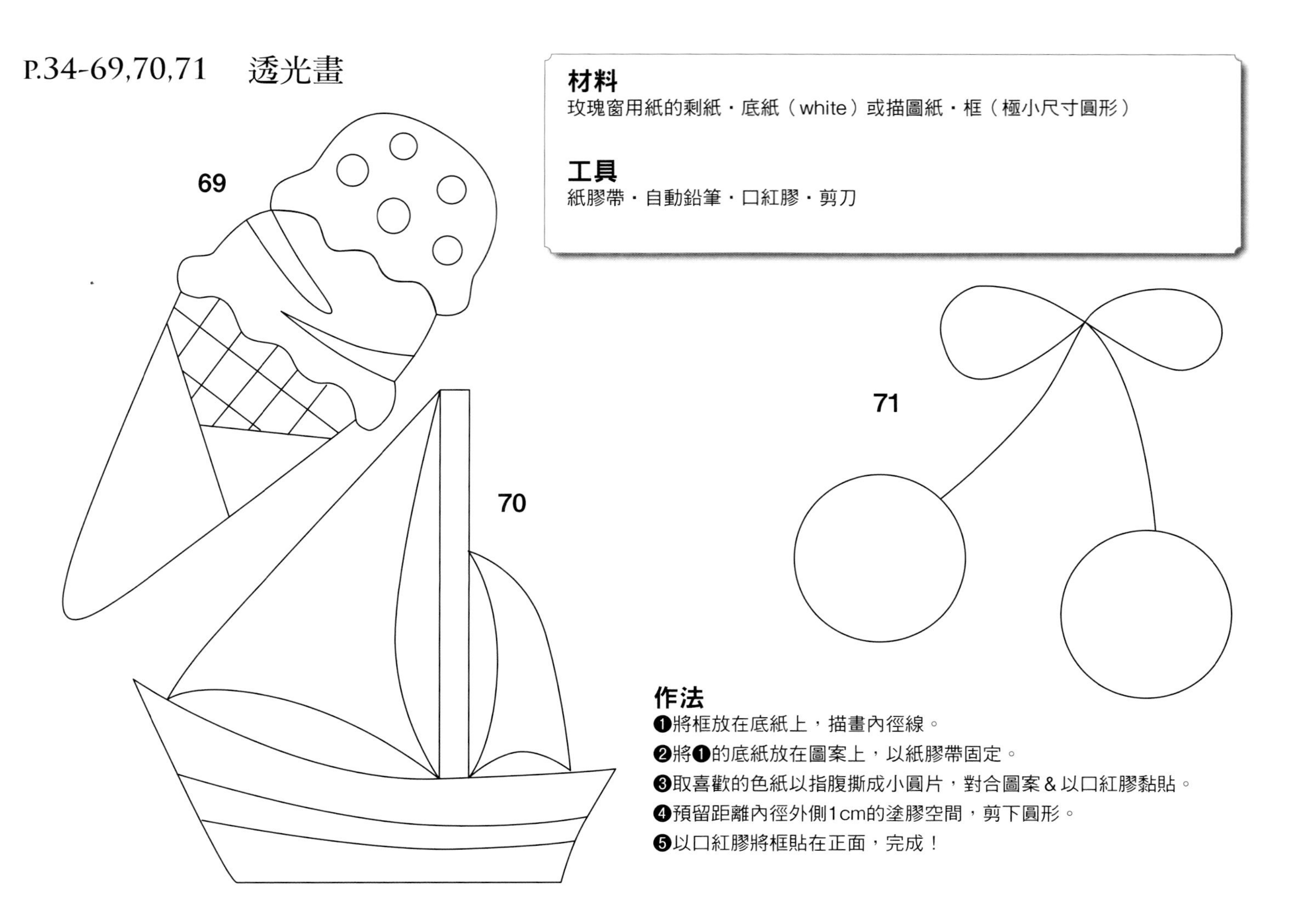

材料
玫瑰窗用紙的剩紙・底紙（white）或描圖紙・框（極小尺寸圓形）

工具
紙膠帶・自動鉛筆・口紅膠・剪刀

作法
❶將框放在底紙上，描畫內徑線。
❷將❶的底紙放在圖案上，以紙膠帶固定。
❸取喜歡的色紙以指腹撕成小圓片，對合圖案＆以口紅膠黏貼。
❹預留距離內徑外側1cm的塗膠空間，剪下圓形。
❺以口紅膠將框貼在正面，完成！

P.34-72　透光畫

材料
畫框用相框（相框尺寸，外徑約18cm×13cm）2片・玫瑰窗用紙（cherry・lettuce・sky）・透明夾

工具
剪刀・口紅膠・雕刻刀

作法
❶將三片用紙描上相框內徑的大小＆預留塗膠位置後裁剪。
❷以雕刻刀刻下各色的線條後，以黏膠將三色圖紙重疊貼合。
❸將透明夾剪下兩片相同的大小，以雙面膠貼在框上，完成！（依序黏貼：框→透明夾→❶❷❸→透明夾→框）。

p.34-72　❶ cherry 的圖案

p.34-72 ❷ lettuce 的圖案

p.34-72 ❸ sky 的圖案

P.35-73 花朵聖誕圈

材料
玫瑰窗用紙的剩紙・框（極小尺寸圓形）・細鐵線＆線・緞帶

工具
剪刀・木工用白膠

作法
❶將多餘的紙片剪成4cm×13cm的長方形。
❷各取三張喜歡的色紙重疊＆摺成各5mm寬的波浪狀。
❸在摺好的紙中心處綁上細鐵絲或線。
❹以剪刀將四個邊角修剪成圓形。
❺自花芯顏色的紙起，一張張地攤開。
❻完成12朵花後，以木工用白膠固定在框上。
❼以白膠固定當作藤蔓的緞帶，完成！

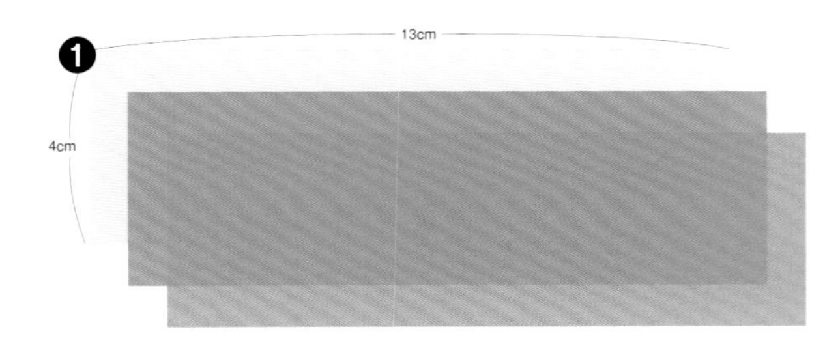

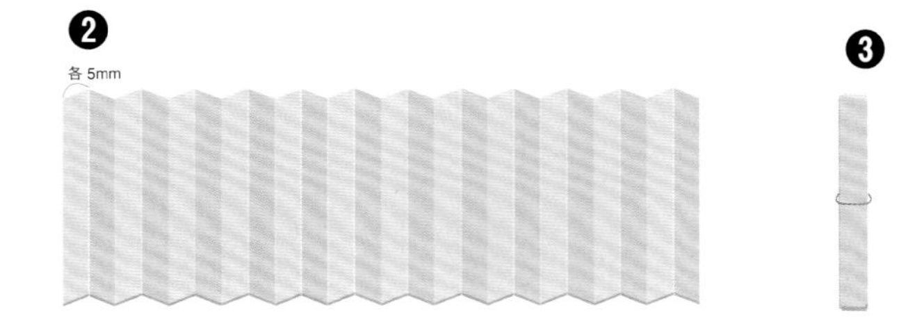

P.35-74 光の簾子

材料
「光の拼布」剩餘的花朵圖案（作法參見p.65）・護貝膠膜・魚線・串珠

工具
剪刀・口紅膠・錐子

作法
❶以各種摺法一次剪下圖案設計後，攤開圖紙完成花朵形狀。將大・中・小的花朵錯開後，在中心處上膠黏貼，再為喜歡的花朵貼上護貝膠膜。
❷沿著花朵輪廓外圍5mm的距離，裁剪護貝膜。
❸在花朵的預定頂點處以錐子開孔。
❹按照喜好，依串珠→花朵→串珠的順序，留下適當間隔後打結接連，完成！

趣・手藝 51

ROSE WINDOW
美麗&透光・玫瑰窗對稱剪紙

作　　者／平田朝子
譯　　者／莊琇雲
發 行 人／詹慶和
總 編 輯／蔡麗玲
執行編輯／陳姿伶
編　　輯／蔡毓玲・劉蕙寧・黃璟安・白宜平・李佳穎
封面設計／翟秀美
美術編輯／陳麗娜・周盈汝
內頁排版／造極
出 版 者／Elegant-Boutique新手作
發 行 者／悅智文化事業有限公司　　郵政劃撥帳號／19452608
戶　　名／悅智文化事業有限公司
地　　址／220新北市板橋區板新路206號3樓
網　　址／www.elegantbooks.com.tw
電子郵件／elegant.books@msa.hinet.net
電　　話／(02)8952-4078
傳　　真／(02)8952-4084

2015年6月初版一刷　定價280元

Lady Boutique Series No.3912
Sukashi Kirie no Stained glass Rose Window

經銷／高見文化行銷股份有限公司
地址／新北市樹林區佳園路二段70-1號
電話／0800-055-365　　傳真／(02)2668-6220

國家圖書館出版品預行編目(CIP)資料

Rose window美麗&透光.玫瑰窗對稱剪紙 / 平田朝子著 ; 莊琇雲譯. -- 初版. -- 新北市 : 新手作出版 : 悅智文化發行, 2015.06
面；　公分. -- (趣.手藝 ; 51)
ISBN 978-986-5905-94-1(平裝)

1.剪紙

972.2　　　104007827

Elegantbooks
以閱讀，
享受幸福生活

趣・手藝 19

文具控最愛の手工立體卡片
超簡單！看圖就會作！祝福不打烊！萬用卡・生日卡・節慶卡自己一手搞定！
鈴木孝美◎著
定價280元

趣・手藝 20

初學者ok喔！一起來作36隻超萌の串珠小鳥
市川ナヲミ◎著
定價280元

趣・手藝 21

超有雜貨FU！文具控&手作迷一看就想刻のとみこ橡皮章手作創意明信片x布製小物x雜貨風袋物
とみこはん◎著
定價280元

趣・手藝 22

剪+貼+縫！88款不織布の季節布置小物
BOUTIQUE-SHA◎著
定價280元

趣・手藝 23

Bonjour！可愛喲！超簡單巴黎風黏土小旅行：
旅行・甜點・娃娃・雜貨・女孩最愛の造型黏土BOOK
蔡青芬◎著
定價320元

趣・手藝 24

macaron可愛進化！
布作x刺繡・手作56款超人氣花式馬卡龍吊飾
BOUTIQUE-SHA◎著
定價280元

趣・手藝 25

「布」一樣の可愛！26個牛奶盒作的布盒
完美收納紙膠帶&桌上小物
BOUTIQUE-SHA◎著
定價280元

趣・手藝 26

So yummy!甜在心黏土蛋糕捏一捏・捏一捏，我也是甜心烘焙大師！（暢銷新裝版）
幸福豆手創館（胡瑞娟 Regin）◎著
定價280元

趣・手藝 27

紙の創意！一起來作75道簡單又好玩の摺紙甜點・料理
BOUTIQUE-SHA◎著
定價280元

趣・手藝 28

活用度100%！500枚橡皮章日日刻
BOUTIQUE-SHA◎著
定價280元

趣・手藝 29

nap's小可愛手作帖：小玩皮！雜貨控の手縫皮革小物
長崎優子◎著
定價280元

趣・手藝 30

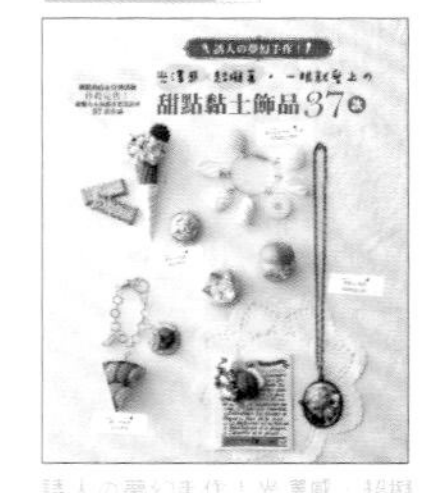

誘人の夢幻手作！光澤感・超擬真・一眼就愛上の甜點黏土飾品37款
河出書房新社編輯部◎著
定價300元

趣・手藝 31

心意・造型・色彩all in one 一次學會緞帶・紙張の包裝設計24招！
長谷良子◎著
定價300元

趣・手藝 32

繫上女孩の優雅&浪漫
天然石・珍珠の結編飾品設計69款
日本ヴォーグ社◎著
定價280元

趣・手藝 33

Party Time！女孩兒の可愛不織布甜點家家酒：廚房用具・甜點・麵包・Pizza・餐盒・套餐
BOUTIQUE-SHA◎著
定價280元

趣・手藝 34

動動手指就OK！三秒鐘・愛上62枚可愛の摺紙小物
BOUTIQUE-SHA◎著
定價280元

趣・手藝 35

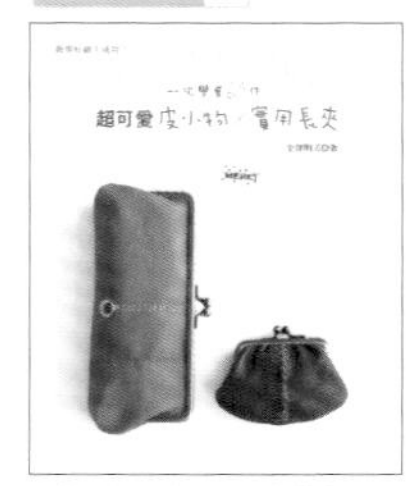

簡單好縫大成功！一次學會65件超可愛皮小物・實用長夾
金澤明美◎著
定價320元

趣・手藝 36

超好玩&超益智！
趣味摺紙大全集：完整收錄157件超人氣摺紙動物&紙玩具
主婦之友社◎授權
定價380元

趣・手藝 37

幸福豆手創館（胡瑞娟 Regin）師生合著

定價320元

趣・手藝 38

BOUTIQUE-SHA◎授權

定價280元

趣・手藝 39

蔡青芬◎著

定價350元

趣・手藝 40

BOUTIQUE-SHA◎授權

定價280元

趣・手藝 41

BOUTIQUE-SHA◎授權

定價280元

趣・手藝 42

【完整教學圖解】

BOUTIQUE-SHA◎授權

定價280元

趣・手藝 43

BOUTIQUE-SHA◎授權

定價280元

趣・手藝 44

BOUTIQUE-SHA◎授權

定價300元

趣・手藝 45

熊崎堅一◎監修

定價350元

趣・手藝 46

ちょび子◎著

定價320元

趣・手藝 47

野口廣◎監修

主婦之友社◎編著◎授權

定價399元

趣・手藝 48

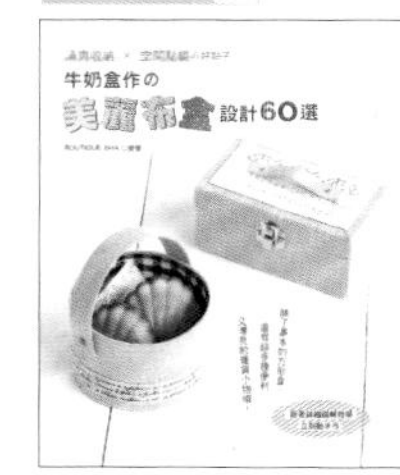

BOUTIQUE-SHA◎授權

定價280元

趣・手藝 49

丸子（MARUGO）◎著

定價350元

心意•造型•色彩all in one

一次學會緞帶×紙張の包裝設計24招！

長谷良子◎著
定價280元

色彩搭配×禮盒包裝×形狀包裝×花禮包裝×緞帶繫法×緞帶花製作，全方位包裝巧思，一本打包！不管是盒裝、袋裝、花束通通都能以緞帶&紙張作出美麗的包裝！書中以顏色搭配、形體包裝、緞帶技法三大重點，詳細圖解包裝的訣竅&範例。只要學會基本的技巧，就能自己變化出各式包裝設計唷！挑份禮物，注入心意親手包裝，期待收禮者的驚喜表情吧！

【完整教學圖解】

摺×疊×剪×刻4步驟完成120款美麗剪紙

BOUTIQUE-SHA◎授權
定價：280元

本書以四季風物為題，收錄各式季節花、鳥、魚、蟲、動物、食物……等代表性的圖樣，只需要準備色紙、剪刀、筆刀，將隨書附錄的圖樣影印下來，就能毫無壓力地完成美麗的剪紙作品。完成的剪紙可以裝飾在紙袋、卡片、包裝應用上，也可以作成書籤、掛飾、居家布置……活用於生活之中，以色彩&圖紋為日常生活點綴些許簡單的驚喜。

ROSE WINDOW

ISBN 978-986-5905-94-1
00280
9 789865 905941
定價 280 元